本书是中国教育科学研究院中央级公益性科研院所基本科研业务费专项资金项目"学校督导评估的国际比较研究"（GYB2022015）的研究成果

学校督导评估的国际前沿研究

——理论、实践与方法

武向荣　著

知识产权出版社

全国百佳图书出版单位

—北 京—

图书在版编目（CIP）数据

学校督导评估的国际前沿研究：理论、实践与方法 / 武向荣著. —北京：知识产权出版社，2025.1. —ISBN 978-7-5130-9585-3

Ⅰ. G464

中国国家版本馆 CIP 数据核字第 2024XZ5275 号

内容提要

本书从理论、实践与方法三个层面系统构建和论述了学校督导评估国际前沿的基本内容，主要包括学校督导评估的概念与职能、学校督导评估标准、学校督导评估方式和创新，以及学校督导评估反馈和改进、学校自我评价与利益相关者参与等。

本书对教育学、评价学、教育管理学科的学者、学生，教育督导与评价研究机构和从事教育管理的工作者，以及从事教育督导与评价的研究人员和实践工作者，具有重要的参考价值。

责任编辑：刘晓庆　　　　　　　　　责任印制：孙婷婷

学校督导评估的国际前沿研究——理论、实践与方法
XUEXIAO DUDAO PINGGU DE GUOJI QIANYAN YANJIU——LILUN、SHIJIAN YU FANGFA

武向荣　著

出版发行：**知识产权出版社** 有限责任公司	网　　址：http://www.ipph.cn
电　　话：010-82004826	http://www.laichushu.com
社　　址：北京市海淀区气象路50号院	邮　　编：100081
责编电话：010-82000860转8073	责编邮箱：laichushu@cnipr.com
发行电话：010-82000860转8101	发行传真：010-82000893
印　　刷：北京建宏印刷有限公司	经　　销：新华书店、各大网上书店及相关专业书店
开　　本：787mm×1000mm　1/16	印　　张：15.25
版　　次：2025年1月第1版	印　　次：2025年1月第1次印刷
字　　数：200千字	定　　价：88.00元
ISBN 978-7-5130-9585-3	

前　言

在全球范围内，学校督导评估作为教育法律规定的一项基本制度，扮演着至关重要的角色。它在推动学校贯彻执行教育法律法规、教育方针政策，规范教育教学行为，以及提升教育质量等方面，均发挥了不可替代的作用。因此，学校督导评估已成为学校外部责任追究、内部持续改进、科学规划及发展的重要手段。追溯国外教育督导制度的起源，其最早在欧洲萌芽，至今已历经超过200年的发展历程，并主要经历了两个显著的演变阶段。19世纪初，教育督导制度正式确立，其核心职能在于履行政府的行政管理职责，主要监督学校对国家政策的遵守情况，这一阶段可称为旧督导制度时期。进入20世纪80年代后期至90年代初期，全球范围内公共部门管理经历了深刻的变革。随着地方分权管理的推行和学校办学自主权的不断扩大，外部问责的需求日益增强。同时，PISA测试等国际教育质量评估工具的引入，使得各国教育质量的比较成为可能。此外，信息化技术的飞速发展也为基于数据和证据的督导评估提供了坚实的技术支撑。在此背景下，学校督导评估制度再次受到广泛关注。进入21世纪，新公共管理、管理主义、问责制、决策权下放以及循证决策与实践等公共部门治理的新理念逐渐兴起，许多国家纷纷重新定位学校督导评估的功能，并探索采用新的督导方式与方法，即我们通常所说的新督导制度。本书将聚焦于欧洲多国、中国、美国、加拿大、澳大利亚、新西兰、日本与韩国等国家，深入剖析学校督导评估在概念与职能定位、标准制定、方式选择、反馈机制、改进措施及实施效果等方面的理论与实践探索，以期为教育督导评估制度的进一步完善和发展提供有益的参考。

目　录

第一章　学校督导评估概述

第一节　学校督导评估的兴起与发展

一、学校督导评估的历史演进

督导活动两个多世纪以来一直是教育实践的重要组成部分，近年来更加突出，在欧洲多个国家和其他国家的教育体系中居于中心地位。[1]督导的目的和性质主要表现为教育质量评估、教育质量保障和实施问责。具体制度安排植根于各国的国家文化与传统。教育督导起源于18世纪末拿破仑统治时期的法国，19世纪其他欧洲国家也纷纷效仿。[2]例如，荷兰教育督导始于1801年，英国于1883年任命了两位督学。在发达国家和发展中国家，如英国、美国、欧洲国家及非洲一些国家，仍然使用"督导"和"督导人员"这两个术语。我国深受欧洲等国家影响，也形成了本国特色教育督导体系。由于国外督导评估以欧洲国家为主，本部分参照格雷著作《欧洲学校督导与评价：历史和原理》[3]，梳理欧

[1] DONALDSON G. The SICI Bratislava memorandum on inspection and innovation [EB/OL].（2014-10-20）[2023-09-12]. http://www.sici-inspectorates.eu/.

[2] DE GRAUWE A. Transforming school supervision into a tool for quality improvement [J]. International Review of Education，2007，53（5/6）：709-714.

[3] GRAY A. European school inspection and evaluation：history and principles [M]. Retford：Bookworm of Retford，2019：5-18.

洲教育督导评估发展历史。同时，本部分还将参照中国教育科学研究院教育评价与督导研究所出版的《中国特色教育督导概论》[1]，比较论述我国教育督导不同阶段与欧洲督导的交融、差异。

迄今为止，欧洲教育督导评估经历了六个发展阶段，具体如下。

第一阶段：1850 年之前，教育督导基本由教会主导。教育督导由教会主导的主要原因是，教会作为教育的主导力量已经有几个世纪了。到 19 世纪中叶，大部分国家都有一定形式的学校督导人员，主要由神职人员作为业余督导者的身份访问学校。督导人员非常关注教师的表现而不是学校领导的表现。学校法律颁布后，各国逐步意识到需要督导法律执行情况，了解国家政策对教育质量的影响。早期督导对象主要为学校体系、教师等方面。督导人员对教师培训和发展起到了重要作用，他们很快就开始在评估中使用诸如"好"或"不满意"之类的词语评价教师。比较而言，我国的教育督导制度源远流长，古代就有西周的天子"视学"、隋朝的学官"督学"。

第二阶段：1850—1918 年，确保督导专业化。教会在督导中仍占主导地位，但地位逐步下降，督导趋向于专业化，与教会的斗争由此拉开序幕。这一时期督导力量不断壮大，由科班出身的专业督导人员逐步取代了业余督导人员，也就是神职人员。新型督导人员更多地被看作国家的代表，被期待对其政治优先事项予以支持。但是，直到 20 世纪初，神职人员仍然在几个国家保持着统治地位。督导的重点仍然是对教师质量的控制，或最低限度的监管，而不是对学校管理与质量的监管，这也可能造成督导人员与督导对象之间产生对立。在督导走访中，依据指导方针或框架督导变得更加普遍，其中一项核心内容就是学生的出勤率。政客逐步对教育包括教学与教材施加影响，许多国家的督导人员通常在国家、教会和世俗主义者对教育控制权的斗争中挣扎。对于我

❶ 中国教育科学研究院.中国特色教育督导概论 [M].北京：教育科学出版社，2023：13–50.

国而言，现代教育督导制度是在戊戌变法后，清末废科举、办新学的同时，从欧洲等西方国家引入。

第三阶段：1918—1945年，欧洲极权主义时代的督导。从第一次世界大战末期到第二次世界大战末期，督导人员对学校的重视程度高于教师，在教学方法的讨论上也参与得更多。督导人员对教科书和考试管理等领域给予更多关注。与此同时，督导人员还要在高度政治化的环境下工作，这往往使教育质量处于执行监管的次要位置。尽管如此，20世纪上半叶，督导人员在传播新的教学理念方面发挥了至关重要的作用。然而，督导人员可能偏离官方政策，对新理念的热衷程度有时会潜在地与政府产生矛盾，这也是一种风险。格雷认为，尽管有这些困难，督导仍可以被看作改进的动力。不过，这或许也意味着帮助极权主义政权更有效地运转起来。在这个阶段，我国伴随中国共产党的成立、教育行政管理机构的建立与健全，逐步建立了相对独立的教育督导机构。督导职能主要以督导学校为主，重点是考察学校教育、社会教育和干部教育等各类教育的办学情况。

第四个阶段：1945—1980年，督导人员角色斗争阶段。在许多国家，督导机构已经丧失了信誉，督导人员面临着与其他机构人员在某些职能上的竞争。格雷认为，当考试制度和教师评价等传统角色被更多的咨询角色所取代时，督导人员便失去了一些权威，甚至连"督导"二字都成为敏感话题。20世纪六七十年代，学校督导在欧洲处于低谷时期，归因于督导人员身份认同的挣扎及与其他机构的竞争。督导人员承担顾问、评价人员、管理员和监督员等多种角色。这期间的督导人员几乎都有学历背景。国家考试制度出台后，作为督导学校的新手段，原来由督导人员考查学生或改卷的时间被节省下来。这一时期结束后，教育管理部门开始强调校长在学校内部发挥督导的作用。校长这一新职能对督导人员的地位形成了挑战。

这一时期，我国教育督导也处于低谷时期。1949—1977 年，教育部的督导机构主要经历了从独立设置，到在其他业务部门内设置，再到取消机构只保留督导人员，直至督导人员也被取消的发展历程。教育督导的组织机构不健全，导致督导工作未能常态化地开展起来。督导工作主要是围绕各地、各校对于中央和教育部各项重大政策、决议、指示的执行情况开展。

第五个阶段：1980—2000 年，督导在自治时代的复兴与挑战。这一时期的初期，由于自我评价、教师反对和咨询或监督部门的兴起和扩大，督导作为一种制度受到威胁。然而，在 20 世纪八九十年代，受学校自由化兴起、经济合作与发展组织（OECD）PISA 测试结果冲击及联合国教科文组织、欧盟等国际组织对外部评估的重视，促使了督导的复兴，甚至一些已经废除督导的国家也开始重视督导。正如格雷指出，定期督导作为实施问责的方法，用来平衡学校的自主权。这个时期重新强调学校领导和管理，督导工作重心从教师向学校转移。督导人员公布督导报告以鼓励家长择校，但也出乎意料地增加了教师的流动性。

这一时期，我国教育督导制度也正式恢复重建。1986 年《中华人民共和国义务教育法》明确指出"要逐步建立基础教育督学（视导）制度"。之后，我国逐步健全中央、省、市、县四级教育督导机构，建立了专兼职结合的四级教育督导队伍。1991 年，《教育督导暂行规定》明确教育督导的任务是"对下级人民政府的教育工作、下级教育行政部门和学校的工作进行监督、检查、评估和指导，以保证国家有关教育的方针、政策、法规的贯彻执行和教育目标的实现"，这是新中国成立以来第一次以教育法规的形式确立教育督导的职责，明确了教育督导督政与督学并重的定位。在这个时期形成了督政督学并重的特色，决定了我国教育督导有别于欧洲国家。

第六个阶段：2000 年至今，国际比较时代的欧洲督导。在此期间，尽管外部评估越来越多地取代了督导的地位，但督导制度仍继续获得国际组织的支持。督导产生影响的最重要的领域之一是对学校自我评价的过程进行指导和支持。随着信息技术的发展，学校可以获取更多用于自评与发展的数据，这些数据也有助于提高督导效率。然而，许多国家的校长与教师运用数据的技能薄弱，降低了改进措施的实施力度。这个问题很重要，因为学校质量提升既取决于督导人员的方法，也取决于学校领导能力。与此同时，自我评价在实践中的不足也削弱了它应该部分或完全取代学校督导的职能。❶

这一时期，尤其 2010 年后，我国教育得到了突飞猛进的发展，总体水平跃居世界中上行列。为了改变我国教育行政管理体系中长期存在的"重决策、轻落实，重执行、轻监督"❷ 的问题，2012 年发布实施《教育督导条例》，使教育督导迈向了法治化阶段的新征程，标志着我国正式建立了中国特色社会主义教育督导体系。我国通过责任督学挂牌督导等适应中国情况的做法督促学校发展，旨在保障教育优先发展战略的落实，不断促进教育公平、提高教育质量，办好人民满意的教育。

由上述可知，随着时间的推移，学校督导评估的重心已由教育财政、教师向领导者及学校管理转变。但在欧洲，问责制仍然是督导的重要职能。在学界和决策者中，对督导的效果都有广泛讨论，但格雷认为，从历史上看，督导促使整个欧洲学校的质量有了明显的提高。欧洲督导也面临着一些问题和危机。偶尔对于督导还有明显的争议。毕竟过去几十年，特别是近几年，督导有所复苏，但督导始终是欧洲争议不断的一个话题。

督导工作的某些方面引起了不少学术上的争论，比如对学校的影响效果

---

❶ EVERTSSON J. European school inspection and evaluation: history and principles [J]. History of Education, 2020, 50（6）: 885–888.

❷ 教育部有关负责人就《教育督导条例》答记者问 [EB/OL].（2012–10–23）[2022–08–31]. http://www. scio.gov.cn/xwfbh/gbwxwfbh/xwfbh/jyb/Document/1232530/1232530.htm.

等。这些研究非常难以量化，无法假设如果没有督导学校的表现会如何，在没有督导的情况下会怎么样。即便各种争论纷起，学界也在构建工具试图衡量其工作的成效，并对执行情况提供建议，这是非常值得肯定的进步。从历史上也可以清楚地看到，学校督导评估还产生了其他形式的影响，如让政府了解学校的质量、为政府提供决策证据、为提高教师队伍素质而组织培训等。到目前为止，这方面的研究还是比较少的。

二、学校督导评估深受本国政治、社会和文化的影响

学校督导评估始终是政治与教育重要动态及发展的关键交汇点。经过多年演变，受到政治、教育、社会、文化等方面的影响，世界各国的学校督导评估被赋予了不同的含义和职能。国家和地区教育督导机构常设国际会议（Standing International Conference of National and Regional Inspectorates，SICI），主要发起人约翰（Johan）对欧洲各国教育督导背景曾做过较为深入的分析。❶具体情况如下。

对于盎格鲁－撒克逊国家和比利时、荷兰来说，很难区分"国家、学校体系和学校个体"三个角色之间绝对不同的关系。这些国家把财权、人事权下放给学校，学校拥有较高的自治权。作为一种更具评价性的治理工具，学校督导的"新"含义是指既重视质量，又尊重教师、校长的职权与自主性。在荷兰、英国等西方国家，学校的办学自主权较大，家长的择校权也较多。

在或多或少都有"德奥"历史的国家，如德国、奥地利或瑞士，了解督导的发展情况及其困难，对于更多的西方人而言，并不是一件容易的事

---

❶ JOHAN C，VAN BRUGGEN. Inspectorates of education in Europe；some comparative remarks about their tasks and work [R]. Brussel：SICI，2010.

情。因为在这些国家中，相对于中央或联邦层面，教育方面的政治权力更多地掌握在"本土"政客手中。例如，德国没有联邦教育督导局，却有 16 个州教育督导部门。基于 1750—1830 年普鲁士启蒙运动的理念，国家有责任和使命管理好学校，为学校提供运行所必需的一切，这种理念在公务员、政客、教师和家长心中根深蒂固。这样的背景产生了强大的官僚机构、详细的行政规则，以及被称为"督导"的沉重的、以控制为主的制度安排。德语"Schulaufsicht（学校督导）"一词，意味着管理、控制 / 督导和行政功能相互耦合。

在中欧风格的国家谈论"学校相对自治"或"校长职能"（指放松管控方面）是有意义的，听起来与弗兰德斯或苏格兰相关概念有可比性，但又具有非常不同的背景，通常对不同国家有不同的含义和意义。

对于拉丁 – 罗马背景较多的国家，如法国、西班牙、葡萄牙、意大利等，由于罗马 – 天主教会在历史上与国家在教育权力上进行了艰苦卓绝的斗争，因此在这些国家，国家、学校体系和学校个体之间的关系与德 – 奥传统相比有所不同；与盎格鲁 – 撒克逊更有可比性，但也不尽相同。在法国，30 个大学区有地区督导人员，但也有国家督导人员；国家督导人员的任务在一定程度上与各地区督导人员的任务类似，但也可能与其他任务类似。西班牙的情况与法国不相上下，但西班牙国家督导局的任务与法国教育体育与研究总督导局的任务并不相同。

美国有越来越多的州正在实施欧陆式风格的学校督导，但大部分作为地区或地方主管部门工作的一部分，严格基于学校结果判断，并与改进计划密切相关。所以，督导与学校的发展有很强的联系，与支持学校的发展也有很强的联系。新西兰和澳大利亚受到英国教育标准局（Office for Standards in Education，OFSTED）或苏格兰皇家督学（Her Majesty's Inspectors of Education，

HMIE）督导工作的影响，开展学校督导评估的时间较长了。同样，非洲一些南部国家也发展出了类似的督导团。还有南美的一些国家，如阿根廷、巴西、哥伦比亚等，也对学校实施督导评估。

在亚洲，中国、日本、韩国、新加坡等国的教育督导制度虽然都受儒家文化的熏陶，但各具特色。❶"二战"后，日本教育督导的性质发生了巨大变化，教育改革是高举民主、自治的理念而展开的。相应地，日本的教育督导制度也从过去强调行政命令性、权威性到当代注重指导性、建议性和服务性，以尊重学校自主权。韩国将教育督导看作实现"教育立国"与"尖端科技立国"发展战略及促进教育质量提高的重要举措，教育督导更加注重民主、协商与指导。我国实施责任督学挂牌督导，对学校开展经常性督导、综合督导或专项督导，准确掌握中小学校的办学现状、发展动态及存在的问题，定期或不定期地向教育行政管理部门和学校报告，提出建议并督促落实。

三、学校督导评估发展的现实需求

在新公共管理背景下，政府对学校下放权力，使学校督导评估变得越来越重要。另外，市场机制在教育中的作用增强、新公共管理理念的兴起、公共资源高效利用的需求、关注"全民素质"的必要性及教育在全球化中的地位日益凸显，都进一步催生了教育督导快速发展。❷

首先，从经济、社会和全球关系转型变革背景下看待教育督导的发展。世界很多国家就学校教育对个人和集体福祉、社会凝聚力和经济成功的贡献

❶ 王璐. 教育督导与评价制度研究 [M]. 北京：人民教育出版社，2018：313-352.

❷ SANTIAGO P. The focus on evaluation and assessment. // NUSCHE D, RADINGER D, SANTIAGO P., et al. OECD Review on evaluation and assessment in education. synergies for better learning. an international perspective on evaluation and assessment [R]. Paris：OECD Publishing，2013：29-35.

越来越达成共识。为了追求竞争优势，更好地满足本国公民在 21 世纪的教育需求，教育政治已经成为中心议题，许多政府都致力于推动教育的创新与发展。全球化使人们对教育政策和学校的期望不断提高。鉴于教育质量作为经济竞争力和驱动力的重要性，世界上许多国家在近几十年更加重视学校督导制度，甚至有些国家开始重新建立学校督导制度。尤其是经济合作与发展组织（OECD）开展学生成绩的国际比较评估，导致全球一系列旨在提高学生表现的干预和改革。❶关注"全民素质"的必要性，关注教育在全球化背景下日益重要的地位，这些因素都推动了教育督导的发展。世界银行、联合国教科文组织日益增长的影响力也深刻地影响着学校督导评估，"'更低'层次的教育政策制定正被'更高'层次的国际政策制定所覆盖，导致任何地方的教育政策都发生了深刻的变化"❷。这一变化导致大多数已成立和新成立的教育督导机构的国家试图与更广泛的全球公共政策改革议程保持一致，前者如英国和荷兰，后者如智利和德国。该议程迎合了新公共管理理论倡议和国际组织对规范的国际公共部门教育绩效的认可标准。

其次，除了上述诸如新公共管理等因素被视为学校督导政策和实践发生重大变化的催化剂，在国家和地区层面上，还有其他一些因素在推动这一领域变化的过程中起着推波助澜的作用。这些因素包括督导机构存在的时间长短、政府的政治议程，以及诸如学校自我评价能力、数据仓库等当地评估基础设施和支持。❸此外，唐纳森（Thompson）对督导的兴起和作用提出了非同寻常的

❶ OECD. OECD Review on evaluation and assessment in education. synergies for better learning. an international perspective on evaluation and assessment [R]. Paris：OECD Publishing，2013.

❷ THOMPSON G，COOK I. Education policy-making and time [J]. Journal of Education Policy，2014，29（5）：700–715.

❸ BROWN M，MCNAMARA G，O'HARA J，et al. Exploring the changing face of school inspections eurasian [J]. Journal of Educational Research，2016（66）：1–26.

观点，他认为："在公众心目中，督导通常与一组相当狭窄的活动联系在一起，这些活动涉及合规和审计的概念。实际上，督导是一个非常可塑的概念，形式很多，可以服务多种不同的目的。"❶ 唐纳森列举了学校督导评估对教育政策和实践的潜在贡献，即督导人员既是执行者、保障者、风险缓解者、催化剂、知识中介、能力建设者、伙伴关系建设者和议程制定者，还是创新空间的保卫者和创造者。多重作用的发挥，使教育督导工作进一步得到发展。

（一）新公共管理改革的驱动

20 世纪 80 年代，新公共管理改革席卷全球，督导评估成为公共部门管理与治理现代概念的复杂组成部分，包括质量、改进、问责制、透明度和成本效益在内。在医疗保健、社会工作、公共管理、教育等领域，都或多或少存在公共部门被质疑及问责这一现象。这些部门用公共资金做了什么？效率如何？效果到底有多好？这些部门往往通过开展自我评价以取得自证，但公众和政客们要求的更多，如独立调查和判断、公开讨论、排名……❷ 实际上，督导就是不断变化的治理政治理论如何影响公共服务管理与供给的典型例证。

学校办学自主权要求强化责任追究制度。自 20 世纪 80 年代以来，西方兴起"学校重整运动"（School Restructuring Movement），教育系统走向权力下放的趋势，加上其他一些国家赋予地方和学校更多的自主权，导致地方主管部门和学校成为教育政策的主要行动者。在一些国家，学校在提供教育内容的同

---

❶ DONALDSON G. The SICI Bratislava memorandum on inspection and innovation [EB/OL].（2014–10–20）[2023–09–12]. http://www.sici-inspectorates.eu/.

❷ JOHAN C，VAN BRUGGEN. Inspectorates of Education in Europe；some comparative remarks about their tasks and work [R]. the Netherlands：SICI，2010.

时，也被赋予了管理人员权力和决策权。这种自主权有时也会与进一步发展教育战略计划的责任结合起来。增加学校自主权的改革，为教育主管部门将责任转移到学校做了很好的铺垫。但政府在强调学校本位管理与决策角色的同时，通过课程控制，运用督导与评价机制，以确保教学目标的达成及学生学业成就的提升。因此，"重整"（Restructuring）与"强化"（Intensification）形成两股拉扯力量，主导着教育现场的运作。❶

学校督导评估的理论与实践，伴随着新公共管理理念的变革，也处于不断变化之中。新公共管理最初提出，政府由于对独立的专业人员缺乏信任，以期通过督导、惩罚和奖励等方式强化问责制。与此同时，新公共管理理论还关注减少国家官僚机构，提供多样化和私有化服务，通过消费者和"利益相关者"的声音及选择，增加学校之间的竞争，而诸如督导等外部监控体系可以同时为这些职能服务。问责制仍然是核心，但提高组织绩效、使组织可信度高且更加自主，也是一个关键目标。在这个概念中，督导成为一种杠杆或机制，不仅可以对学校进行判断，而且可以将学校发展提升到令人满意的程度，进而通过这些举措维持适当的程序，并对所需的标准进行监督和维护。因此，目前督导的发展表明，督导模式需要随着教育问责制的成熟而进行调整。实际上，有学者认为，学校需要发展自己的评价素养和创新能力，以提升教育发展水平，并不太需要自上而下的监督和改革举措的驱动。

（二）循证治理制度及治理现代化的要求

埃伦（Eren）认为，教育督导兴起是治理现代化及现代化治理的要求。为了避免基于经验、习惯或受政治干扰带来决策的偏差，许多国家的教育试图通

---

❶ 潘慧玲，张淑涵，学校发展的资料运用 [J].教育科学研究期刊，2014，59（1）：171-195.

过建立各种各样的循证治理制度以实现其治理现代化。● 循证治理制度一般具有以下三个特征：第一，为教育部门的绩效设定明确、清晰的期望（通常指教育标准）。第二，督导评估和问责制是确保提供优质服务的关键。督导评估可以提供证据，证明教育部门的实际工作是否达到预期。第三，"证据"会刺激和引导教育部门及各级主体关注教育，包括教育政治家、管理人员、学校领导、教师、学生、家长及其他学校成员。

在大部分国家，"循证治理"是以两大制度为基础的，往往同时存在。第一项制度是考试制度，即以学生考试成绩为基础，汇总学生成绩，用于评估学校绩效，在某些情况下还用于发布学校排行榜。第二项制度则是学校督导评估，即教育督导人员透过其督导标准及程序设定期望，通过使用数据（如统计数据、学生成就数据），收集其他信息（如与利益相关者的访谈、课堂观察）对教育质量进行评估，最后形成报告。它要求学校对与学生成绩有关的广泛目标负责，涉及教学、组织和领导者。第一种制度常见于美国，第二种制度常见于欧洲国家。可见，在世界范围内，学校督学评估是一个重要的循证施政和治理现代化的制度安排。

（三）教育质量保障的迫切需求

质量保障根植于大规模生产。在 20 世纪下半叶，跟踪产品质量变得越来越重要。当时，整个行业都围绕着"质量"的理念及相关的系统、流程和组织发展起来。"全面质量管理"是最常见的质量保障方法，通常是指为监督组织工作的全部过程而开发的系统。教育领域受到其他行业的影响，也开

---

❶ EHREN M C M, ALTRICHTER H, MCNAMARA G, et al. Impact of school inspections on improvement of schools—describing assumptions on causal mechanisms in six european countries [J]. Educational Assessment, Evaluation and Accountability, 2013, 25（1）: 3–43.

始重视质量保障。教育质量保障指对教育状况进行系统评价，提升教育质量、公平和效率，包括学校自我评价、外部评价（主要指学校督导评估）、学校领导和教师评价及学生评价。其中，学校督导评估是教育质量保障的重要一环。

在整个欧洲，学校督导评估是一种广泛用于教育质量保障的方法。十多年来，经济全球化提高了教育质量，国际学生评价项目提供了教育成果国际化比较，促使欧洲国家对教育质量的追求变得更加迫切。欧洲大部分国家对学校开展学校督导和学校自我评价。学校督导评估是质量保障的一种方法，常常与其他方法（如教育系统监测或教师评价）同时进行。学校督导评估作为质量保障的一种方法，在 21 世纪初已经被广泛使用，此后也陆续被引进，或在一些其他国家以试点的方式进行。❶ 2007 年和 2009 年，比利时法语区和德语区分别扩大了其评估体系的重点，而以前只关注教师评价。此外，丹麦和瑞典评价体系原来主要以地方主管部门为中心，分别从 2003 年、2006 年开始强化中央主管部门在学校外部评价中的角色定位。在一些国家也正在进行试点工作。

除了教育质量保证，实施学校督导评估也有利于提高教育质量。盖特纳（Gaertner）等人认为，督导评估不仅用于学校问责制的传统目的，也用于教育话语的复杂网络。学校督导评估的潜在影响，或许还可以表现在"获取知识""学校发展"和"执行标准"等方面。❷督导标准既可以基于教与学的指标，也可以是保证学校符合法律规定的要求。例如，用于判断教与学的指标包括教师的教学行为、学校课程的质量，评估的方式包括课程观察和分析学校教

---

❶ EUROPEAN COMMISSION. Directorate-general for education and culture. evaluation of schools providing compulsory education in Europe [R]. Brussel：European Commission，2004.

❷ GAERTNER H，WURSTER S，PANT H A. The effect of school inspections on school improvement [R]. School Effectiveness and School Improvement，2013，25（4）：489–508.

科书和教案。学校是否符合规章制度的指标，通常包括招生政策或安全条例等程序、政策和协议的可用性和使用情况，也包括学校自我评价报告。随着多年演变，各国学校督导评估的目标在变化，督导评估内容和方式也有所不同，但越来越趋于指向一个共同的目的，即提升教和学的水平。

第二节 学校督导评估的概念与职能

一、学校督导评估的概念

一些国际组织对督导概念进行了界定。联合国开发计划署（UNDP）给督导下的定义：为了确定一个组织单位遵守规范性标准、良好做法或其他标准的程度，对其问题或做法进行一般性督导，并提出改进或纠正措施的建议。通常是在组织单位出现不合规风险时，才会被监督。❶

克里默斯（Creemers）在其著作中提出，教育督导是指国家授权的督导机构和人员，依据国家的教育方针、政策、法规和督导的原则与要求，对下级政府、教育行政部门和学校进行有目的、有计划的检查、监督、评估和指导。教育督导工作是保障和提高教育系统成效和教育质量的重要制度要素。❷

在《牛津高阶学习词典》（*Oxford Advanced Learner's Dictionary*）中，督导的定义表现：正式访问某个组织，查看规则遵守、工作完成等情况。督导（Inspection）、审计（Audit）和监管（Regulation）经常互用。督导可以算是管控领域里较为普遍、宽松的制度之一。也就是说，督导是多个工具中的一种

---

❶ UNESCO. School inspection | Unesco IIEP [EB/OL].（2009-01-12）[2024-02-15]. http://Learning Portal School inspection | Unesco IIEP Learning Portal..

❷ CREEMERS B P M, KYRIAKIDES L. Improving quality in education. Dynamic approaches to school improvement [M]. London：Routledge，2012：67.

工具，由更高级别的组织机构监督另一个组织机构的运行与表现。督导的显著特点是"实地走访"，督导人员必须与被督导对象面对面交流，直接督导这些机构的办事流程和记录情况。督导与审计、监管不同的关键特征表现在，督导具备专业人员能力、遵守专业标准并对被督导对象进行评判等方面。总而言之，督导需要运用多方提供的信息，对服务提供者进行实地考察，并十分关注自身服务标准和结果使用情况。❶

根据《牛津高阶学习词典》对督导的定义，教育督导的重点是学校教与学的活动的改进，倾向将学校作为一个教学企业的场所，并进行批判性的审视和评价。督导工作始终是由学校外部代理人发动的。这些代理人被称为督导人员，一般是国家或地方政府教育督导机构的工作者。

关于学校督导评估的定义，较认可的描述为，由国家或地方主管部门授权的学校外部官员，也就是督导人员对学校进行外部评估，督导人员定期对学校进行访问，通过观察、访谈和文件分析等方式，收集学校质量的相关信息，监督学校是否遵纪守法，并对学生的学习质量进行评估。❷ 所有学校督导评估的共同特征是，明确职责是控制或支持，位于学校之外，定期访问学校是其工作的重要组成部分。

彭尼克斯（Penninckx）特别强调学校访问作为定义的重要特征，以区分督导与标准化测试等其他类型的监测，并将其定义为一种对学校质量的评估，包括（最低限度）实地考察，由具有专业知识的人对学校质量是否达到预期标

❶ BOYNE G, DAY P, WALKER R. The evaluation of public service inspection: a theoretical framework [J]. Urban Studies, 2002, 39（7）: 1197–1212.

❷ EDDY S D, EHREN M, BANGPAN M, et al. Under what conditions do inspection, monitoring and assessment improve system efficiency, service delivery and learning outcomes for the poorest and most marginalized? A realist synthesis of school accountability in low-and middle-income countries [R]. Protocol. London: EPPI-Centre, Social Science Research Centre, Institute of Education, University of London, 2014.

准做出总结性判断，这些人既不直接也不间接参与学校事务。[1] 学校评价维度是学校督导工作的重要一环，意味着督导以"评判"为核心。

二、学校督导与学校监督的区别

传统上，督导（Inspection）和监督（Supervision）都被作为问责的重要工具，旨在于提高教育系统的效率。两个术语在不同国家使用的方式也有不同。在英国等许多发达国家，对学校"督导"的关注远远超过"监督"。在理论和实践中，教育督导（Education Inspection）和教育监督（Education Supervision）两者之间经常容易混淆，两者之间有无区别呢？

上文已明确了教育督导的定义。而关于教育监督，1945 年《教育好词典》（*the Good's Dictionary of Education*）的定义："指定学校官员领导教师和其他教育工作者，以促进教与学。"其中，涉及教师专业成长和发展的激励、教育目标的选择和修订、教辅材料、教学方法以及教学评价等方面。多德和奥古尼亚（Ololube & Nanighe）认为，"监督"是一种建议、指导、鼓励、激励、改善和监督某些群体的方式，监督者希望寻求合作的方式成功地完成监督任务，主要任务是提高教与学的质量。[2]

我们从操作层面进一步区分督导和监督的概念。督导侧重监督和评价绩效，试图回答相对于设定的标准、学校表现有多好的问题。因此，督导结果是关于学校或个人"做得如何"的规范性声明。相比较而言，监督的重点在于提

❶ MELANIE C M. Ehren. Methods and modalities of effective school inspections [M]. Switzerland：Springer International Publishing，2016：34.

❷ OLOLUBE，NWACHUKWU PRINCE，MAJOR，et al. School inspection and educational supervision teachers' productivity and effective education programs in nigeria [J]. International Journal of Scientific Research in Education，2014，7：91–104.

高绩效以加快学校或个人发展，试图回答学校或教师的优势和弱点是什么，后者如何才能得到提高。监督结果指向人员行为发生变化的情况。

　　学校督导和学校监督有很多不同之处，为表述得更清楚，现将主要差异列表如下（见表1–1）。

表 1–1　学校督导与学校监督的区别

序号	学校督导	学校监督
1	正式	不太正式
2	注重监控和评估职能	专注于保持和提高教育质量
3	通常由外部代理人或部门等进行督导	通常由内部代理人和课程负责人进行监督
4	旨在改变所有影响教师行为的因素	旨在改变影响教与学的教学实践方法和技巧
5	促进和加强教学活动	探索、鼓励和支持教学活动
6	不太频繁	比较频繁
7	通常提前计划	有时没有计划
8	团队合作	单独完成

资料来源：Ololube，Nwachukwu Prince & Major，Nanighe. School Inspection and Educational Supervision Teachers' Productivity and Effective education Programs in Nigeria [J]. International Journal of Scientific Research in Education，2014（7）：91–104.

　　从上述比较可知，督导是一种以自上而下按规定标准评估学校发展为重点的方法，监督则是以指导、支持和持续评价教师专业发展和教学过程中的改进为重点。然而，一些国家改变了其用语，更倾向使用"监督人员"而不是"督导人员"，原因是教师对监督人员指导和支持的需求日益增加。根据格劳尔（Grawue）的观点，一些国家最近发展出更具体的用语，即"教育方法顾问""教师发展顾问"等。❶

---

❶ DE GRAUWE A. Transforming school supervision into a tool for quality improvement [J]. International Review of Education，2007，53（5/6）：709–714.

三、学校督导评估的职能

学校督导评估主要有控制与问责、发展与改进两大目标与职能。其中，控制与问责导向的督导主要表现为监督、检查学校遵守立法的情况，而发展与改进导向的督导往往涉及对学校功能和改进措施进行更广泛的评估，以支持学校建设和发展。❶ 爱伦（Ehren）认为，学校督导评估有问责、改进与联络三项职能。❷ 以下参考爱伦观点，对这三项职能具体展开论述。

（一）控制与问责职能

控制功能与督导的本意有关，是合规性监督的核心。在许多国家，控制被视为是督导的基本职能，重点是督导法定要求、法规和政策的落实情况。根据 2013 年 OECD 的治理观点，控制和问责通常包括学校遵守国家标准和法规，也包括教学、行政投入与过程，如人力资源投入（教师数量、师生比例），以及物质投入的控制。督导物质投入往往是发展中国家学校督导制度最核心的任务。

在实施学校督导评估的国家里，英国教育督导尤为强调问责职能。2019 年，英国教育标准局印发《2019 年教育督导框架》提出了督导的四大问责功能：提供独立的评估意见，让家长协助孩子选择适合的学校；向教育大臣和议会提供学校教育质量信息；向公众和政府保证学校教育质量最低标准；提升政府使用公共教育资金的信心，推动学校和教育全系统办学水平的提高。教育标准局通过制定学校督导标准、在官网上公布学校排名与等级及督导报告等促进

---

❶ DONALDSON G. The SICI Bratislava memorandum on inspection and innovation [EB/OL]. （2014-10-20）[2024-02-15]. http://www.sici-inspectorates.eu/.

❷ MELANIE C M EHREN. Methods and modalities of effective school inspections [M]. Switzerland：Springer International Publishing，2016：11-13.

家长择校的方式来实现其问责制度。近几年来，英国学校督导因过于重视问责，造成校长、教师的抵制。而随着教育发展需求的不断增长，英国学校督导职能也与时俱进，在注重问责的同时强调改进功能。在以上条款没有改变的情况下，英国教育标准局印发《2022年教育督导框架》进一步提出，教育标准局运用循证督导、研究和督导人员培训等方式，通过睿智、负责任、有重点的督导活动确保督导判断尽可能有效可靠，促使其成为学校改进的力量。

（二）质量保障与提升职能

20世纪90年代以后，提质逐步成为学校督导评估工作的重要目标。2010年麦肯锡发布报告表明，教育督导应该根据教育系统的特征和表现采取不同的形式和目的。从本质上讲，为了满足21世纪需求的创新方式，学校督导人员应该从合规性代理人和改进推动者，转变为更多地成为学校的合作伙伴和知识经纪人或动员者。学校督导评估通常用于确定学校发展的优势和领域，旨在改善学校内部的教与学，缩小学校间的成绩差距，提高全体学生的成绩。根据OECD的研究，需要对与学生学习相关的过程和策略进行强有力的评估。在评估学校实施改进能力的同时，也要确定学校需要证明的领域。督导通过学校优劣势反馈和改进建议，对学校能力的建设和学生学习的提高等方面发挥着重要作用。督导支持学校的形式也经常表现为督导人员走访过程中为校长、教师出谋划策。一些国家还采取了个人辅导、课程演示、在职培训方案和组织同伴学习等其他举措。

爱伦等人认为，如今几乎所有国家的教育督导都把提高学校质量作为主要任务，但各国的做法大相径庭。[1] 她曾经总结了欧洲六国教育督导的主要目

---

[1] MELANIE C M EHREN. Methods and modalities of effective school inspections [M]. Switzerland: Springer International Publishing, 2016：112-113.

标，可以看出各国有很大的不同。❶ 比如，爱尔兰教育督导局在自我评价、学校发展和教育制度改善等方面都设定了非常广泛的发展目标。瑞典教育督导局的目标是确保所有学生享有在安全环境中接受良好教育的权利，期望能促进被督学校为整个教育体系贡献自己的力量。奥地利施蒂利亚省（Styria）学校督导的目标也被非常广泛地描述为支持学校不断提高质量，促进学校提高教育质量，以确保法律和行政的合规性，以及系统内各种教育规定的对等性和可比性。

通过学校督导评估提升教育质量的做法还表现为，一手抓薄弱学校的提高，一手抓优秀学校的宣传。在法国、英国等少数国家，督导评估不单是为了发现学校的弱项，也为了提高卓越学校的知名度。比如，利用外部评价作为工具来确定和展示优秀实践案例，即学校哪些实践有效，哪些情况下可以产生正向回报，收集证据并对外宣传。

荷兰学校督导主要发挥改进与发展职能。荷兰教育督导局将督导预期效果描述为促进学校迈向好的教育，其中督导标准详细规定了何为"好教育"。荷兰《2021 年中学督导工作框架》和《2021 年小学督导工作框架》均提出：教育督导的远景目标是人人享有接受优质教育的权利，教育督导的使命是"有效监督，推动教育"。督导工作框架进一步表明，教师、学校董事会和其他专业人员每天都应全身心地投入为学生服务的工作中，致力于实现这一目标。凡此种种努力，目的都是提高教育系统质量，使全体学生学有所成。督导工作以确保和推动教育质量为宗旨，"有效监督，推动教育"的使命反映了这一点。荷兰学校督导履行改进职能目标所取得的成效得到了不少国家的肯定。

（三）沟通与联络职能

控制、支持和定期走访学校，为"联络"提供了途径，往往成为教育督导的第三种职能[1]，督导人员在本项职能中担任教育决策部门与学校的联络代理人。督导人员充当中间人，其任务是把决策部门的意图告知学校，反过来也将学校的实际情况告知决策部门。另外，许多国家的教育督导部门通过发布年度报告和专题报告，在发挥督导联络作用的方面树立了鲜明的榜样。教育督导部门汇总、摘编学校督导评估报告，形成针对一些政策落实情况的专项报告，或形成监测教育系统表现的国家报告，以此作为政策调整依据。

教育督导的联络作用还包括与其他参与学校质量发展的服务部门建立良好联系，如教师职前和在职培训、课程开发和国家考试，以及在学校之间传播新思想和优秀实践等。这个角色在学校中的地位越来越重要。在教育体系去中心化的背景下，问责制从纵向的自上而下的方式转变为结构上的去中心化，需要督导人员发挥一定的沟通、联络职能。

加拿大学监较好承担了联络与沟通职能。学监是教育局、家长之间信息的沟通者。由于学监既掌握教育部门的各项政策法规，又知晓所负责学区的各个学校办学的真实情况，他们通过撰写督导报告等形式，及时向学区教育局、省教育部汇报工作，同时又直接面向学区家长解释说明各类教育问题，征求学生家长对教育政策和学校办学的诉求。学监大都是经验丰富、德高望重、受人信赖的教育工作者。他们反映的问题、提出的建议往往被教育主管部门高度重视、及时采纳；他们解释说明的教育政策，学区家长也比较易于接受。因此，

---

[1] DE GRAUWE A. Module 2：roles and functions of supervisors [EB/OL].（2007-01-02）[2023-12-01]. http://www.iiep.unesco. org/fi leadmin/user_upload/Cap_Dev_Training/Training_Materials/Supervision/ SUP_Mod2.

学监成为畅通教育主管部门决策层与基层学校、一线教师、学区家长沟通的渠道。

综上所述，教育督导人员主要承担问责、改进和沟通三大职能，但前两项职能之间往往存在着紧张的关系。自欧洲第一批督导人员诞生之日起，就不断被要求履行控制和发展的职能。很多研究将这种紧张关系视为督导根本性的弱点，至今尚未解决。爱伦认为，督导人员既当"裁判员"又当"教练员"，会产生既执行监督又执行指导职能的矛盾。这两项任务的结合妨碍了督导人员对学校和教师质量提供客观、有效、可靠和专业的评估，因为跟进督导主要针对他们向学校提出的建议。英国这种情况最为普遍，多年来一直在与互相冲突的话语作斗争。一方面，教育标准局作为政府的监督机构，是"无所畏惧或偏袒地监督"的独立捍卫者❶；另一方面，又要寻求与学校发展专业对话以促发展。教育标准局高级督学认为，应将督导评价与指导服务的职能区分开来，这样可以最大限度地降低混乱和重复。❷

伴随着教育民主发展趋势，以及呼吁更大范围的学校自治，学界对教育督导控制和支持功能结合的批评日益增长，因为这违背了学校自治和教师主动精神。人们期望通过学校自治重塑适应当地环境和需求的教学与组织实践，并要求提供适合学校改革的督导和支持服务。督导人员在行使督导职能时，应根据督导类型和层级分离监督职能和指导职能。❸ 许多国家旨在通过分离控制和支持功能解决矛盾，比如指派专门人员作为教学顾问或其他人员负责支持学校发展。我国教研员就扮演了这一角色。

---

❶ BAXTER J. School governor regulation in England's changing education landscape [J]. Educational Management Administration & Leadership, 2017, 45（1）：20–39.

❷ SPIELMAN A. SICI strategy 2020–24 [C]. The Netherlands：SICI General Assembly, 2019.

❸ 刘淑兰 . 教育评估与督导 [M]. 上海：华东师范大学出版社，2017：17.

第三节　学校督导评估的治理模式

任何国家教育督导评估作用的发挥都深受该国政治领导层关于如何更好地推动教育等公共服务变革的主流"文化观"的影响。"高风险问责"和"低风险问责"的文化背景决定了不同国家学校督导评估的治理模式，前者倾向开展高利害督导，后者则倾向开展低利害督导。

一、督导治理背后的价值观

不同国家学校督导评估的目标与职能深受本国教育价值观的影响。例如，一些国家出于传统文化原因，一直反对用标准化评估衡量学生的学习成果，这与一个国家定位自己的社会功能不无关系。因此，学校督导评估不是问责性质，而是或多或少地表现为发展与改进的性质。[1]北欧国家秉持奥地利文化或北欧文化，崇尚教育平等与学生综合发展，不主张评价学生成绩。然而，丹麦、挪威等国家受到 PISA 影响，开始进行大规模的学生测评。丹麦 2010 年实施的国家标准化考试突出表明，近年来丹麦社会越来越接受学校作为提供学习和生产绩效的机构，可以进行考试。

其他一些国家和地区则在教育领域中引入市场机制，如英格兰、北爱尔兰、瑞典等。这些国家实行教育私有化、高中择校等管理制度，这是学校督导评估履行问责职能的基础，学校督导评估主要服务"消费者"，即家长和学生。该理念决定了督导评估的方法和程序，如对学校进行排名，将考试成绩、财务、师资配备或活动情况等学校"绩效"数据提供给家长，以方便家长选择学

---

[1] EUROPEAN UNION. Comparative study on quality assurance in EU school education systems—policies, procedures and practices [R]. Brussel：Publications House of European Union，2015.

校。这种督导评估方法的显著特征是透明度高、竞争性和可比性强。使用这种方法的后果是增加了学校、教师的负面竞争压力，在一些国家已遭到学校拒绝。有些国家，比如丹麦、比利时、荷兰和苏格兰，出于上述原因，避免对学校进行排名。

随着质量观念的变化，学校督导评估的功能、目标、活动和工具等也会发生变化。伴随一些国家的成功改革，学校督导评估的方法也逐渐从依赖学校排名转变为使用探究的方法，坚持公平、包容、卓越、关注多元与本土需求的原则，深入了解和关注每一所学校、每一位学生的发展。即使在发展变化中，从全球范围看，也是形成两种明显不同的督导模式：一种为高利害治理模式；另一种为低利害治理模式。以下重点介绍这两种模式。

二、硬治理督导模式

在提倡"高利害市场竞争"文化推动变革的国家，政府鼓励学校竞争，旨在为家长、学生提供更好的服务。在这种文化中，为了对抗学校歪曲事实和"博弈"的风险，包括学校在督导材料中展示不准确的自我形象，以及过度夸大学校实力等行为，将倾向由独立的督导机构承担评估工作，该机构具有重要的监管作用。

学校督导评估可能在"高利害问责制"的文化中表现出如下特点：第一，通常由中央控制的教育督导机构，独立性较强。第二，主要服务责任追究与监督管理的目的；旨在报告政府公用经费支出情况；告知家长择校信息：运用市场化机制；实施结果导向督导。第三，倾向采用国家法律规定的高度标准化的督导框架；督导周期比较固定且相对频繁，定期对每所学校开展标准化的等级评定工作；督导人员在作出判断时，往往会把"硬数据"和"硬证据"放在优先位置，并使用高度标准化的方法应对各方可能存在的质疑和挑战。第四，倾向于向社会公众公开督导报告、推进家长择校、关闭等级差的学校，或将评价结果与学校行政考核挂钩。总之，这对学校而言是"高利害"性质的督导。

三、软治理督导模式

在低利害督导模式里，学校督导评估重在质量保障的方法。该方法创建了提升质量和信任的文化，并强调质量提升而不是质量控制，往往在整体质量保障中发挥独特的作用。

在"低风险问责制"的文化中，督导评估仍然发挥着公共保障的作用，其特征表现如下：教育机构往往隶属于教育行政管理机构，或国家下放权力，主要由地方机构负责督导工作；督导目标主要是指导学校发展；提升学校自我评价质量；实行指导式、参与式督导机制；督导过程中建立更高层次的专业对话；督导人员将向学校分享其他地方的实践经验，旨在帮助学校提升办学质量；国家或地方依据法律法规政策制定标准化督导框架，倾向不那么标准化，同时给学校自选评价内容留有一定空间；偏向更灵活的督导而非固定的周期性督导，在出现学校需要紧急监督的迹象时，根据"风险"分析结果迅速干预；督导评估报告具有更灵活的定制化特征，呈现更鲜明、个性化的叙述，督导评估结果的公示较少。

两种模式的区分情况见表 1-2。

表 1-2　硬治理督导模式与软治理督导模式

内容	硬治理督导模式	软治理督导模式
机构设置	独立；中央控制	依附，下放权力；地方为主
目标	控制、督导、问责和遵守规章	指导、提升学校自我评价的质量

续表

内容	硬治理督导模式	软治理督导模式
机制	市场化机制；结果导向	发展与信任；结果与过程
标准	高度标准化	标准化＋自选
周期	运行固定且督导周期相对频繁	灵活；基于风险决定督导频次
方式	高度标准化方法；表格打分；统一考试以期达到标准	非标准化；专业对话
判定依据 结果公布	标准化；可比较等级；固定来源；"硬数据"	呈现更全面、更个性化的学校描述；通常不公布等级，或不设置等级
结果运用	向公众公开信息；家长择校；关闭等级差的学校；与行政考核挂钩	分享实践经验；督促学校整改直到完成

资料来源：EUROPEAN COMMISSION. Better learning for Europe's young people：developing coherent quality assurance strategies for school education [R]. Luxembourg：Publications Office of the European Union，2018.

第二章　教育督导机构管理体制

从世界范围看，要确保教育督导机构的职能得到充分发挥，其独立性至关重要。教育督导机构应该有独立的组织架构，以确保其能够独立地履行职责。从主要实施学校督导评估的国家看，大部分国家教育督导机构或部门与政府保持相对独立性，要么独立于政府部门设置教育督导机构，要么隶属于教育部门，且在地理位置或职能上相对独立于教育部门。并且，这些国家教育督导机构在不同程度上建立外部同行审查与内部监督相结合的质量控制体系，以保障督导工作的客观性、权威性和专业性。

第一节　教育督导机构的设置

一、教育督导机构独立性的表现

《督导与评价质量标准》由美国总督察长廉洁与效率委员会（Council of the Inspectors General on Integrity and Efficiency，CIGIE）历经 10 年探索制定。❶该标准明确提出独立性至关重要，以保证督导机构或部门的职能得到充分发

---

❶ the Council of the Inspectors General on Integrity and Efficiency. Quality standards for inspection and evaluation [EB/OL].（2022-01-01）[2023-11-15]. Quality Standards | Council of the Inspectors General on Integrity and Efficiency；IGnet.

挥。督导机构或部门要有独立的组织架构，以保证其能够独立地履行职责。在涉及督导工作的事项上，督导机构及人员必须保持独立性，在整个督导过程中保持独立，保证督导意见、调查结果、结论、判断和建议公正。督导机构及人员应警惕独立性可能受到的影响，避免被督导对象或第三方认为督导机构及人员执行工作不具备独立性，难以做到公平、公正，难以客观公正地判断督导结果。

　　鉴于以上考虑，实施学校督导评估的国家首先要保证教育督导机构或部门保持相对独立性。有些国家教育督导机构的设置独立于政府决策部门，有的则呈隶属关系。英国教育标准局是一个非部委隶属政府部门的专门的督导机构，直接向国会负责和报告。新西兰教育审查办公室（Education Review Office，ERO）作为国会下的公共服务部门直接对国会负责。俄罗斯联邦教育与科学督察署由联邦政府统管。而法国、荷兰、西班牙、中国、新加坡、日本和韩国等国家教育督导部门隶属于教育部，与教育部呈依附关系（见表2-1）。这些国家的督导机构虽然隶属于政府教育部门，但具有相对独立性。教育督导独立性还表现为督导人员的任命，即以专业能力为基础，以透明的方式任命督导机构的管理人员，最大限度地减少政府干预。

表 2-1　国家级教育督导机构或部门与教育部关系

国家与地区	督导主体	与教育部关系	
英格兰	教育标准局	非行政政府部门	独立
法国	国民教育总督导办（IGEN）和行政与研究总督导办（IGAENR）	隶属于教育部	依附
新西兰	教育审查办公室	独立政府部门	独立
荷兰	教育督导局	隶属于教育部、文化部与科学部的独立执行机构	依附
西班牙	教育督导办公室	隶属于教育部、文化部与体育部	依附

国家与地区	督导主体	与教育部关系	
俄罗斯	联邦教育与科学督察署	联邦政府统管	独立
中国	教育督导局	隶属于教育部	依附
新加坡	学校督导司	隶属于教育部	依附
日本	初等教育局/高等教育局	隶属于文部科学省	依附
韩国	教育监察部	隶属于教育部	依附

CIGIE 在《督导与评价质量标准》中提出，即使督导机构或部门在设置上保持相对独立性，但影响其独立性的因素仍然有很多。因此，督导机构或部门需要经常审查其机构或人员独立地位受到影响的风险。《督导与评价质量标准》提出，督导机构及其人员应当对独立性可能受到的影响的严重性进行评估，必要时采取保障措施，消除不利影响或将不利因素降低至可接受程度。可能有以下几方面因素会影响教育督导机构及人员的独立性。

第一，利益影响，即受金钱或其他利益诱惑，会影响教育督导人员公正客观地判断督导结果。这种现象在督导执行过程中极易发生。第二，关系影响，督导人员与被督导部门的管理人员或其他人员关系密切，或系直系家属关系，会造成督导人员立场不客观。第三，政治偏见或意识形态影响，主要指督导人员因政治、意识形态、社会或其他信念而使立场产生影响。第四，制度影响，如督导机构安置在政府部门中，加上被督导部门也隶属于政府机构，就会影响督导机构开展工作和客观报告结果的能力。比如，有些国家的教育督导部门挂靠在政府，受政府管辖，督导结果的客观性会受到一定程度的影响。第五，交叉管理影响，指督导机构中的某个人在被督导机构中担任管理角色或代表被督导机构执行管理职能，可能会损害督导机构开展工作和客观报告结果的能力。

二、教育督导机构工作高质量的特征

为了帮助官员、监管机构、利益相关者和专家评估督导系统的发展水平，确定优势和劣势，以及潜在的改进领域，OECD 提出高质量督导的典型特征。❶ 这些特征也适用教育领域。结合教育领域的特点，教育督导机构或部门工作高质量可表现为以下几个方面。

（一）制定教育督导规划，选择性实施督导

一是制定教育督导规划。教育督导机构或部门应制定教育督导政策，建立目标，明确长远的制度机制。二是选择性实施教育督导。教育督导机构或部门不可能在所有地方进行督导并解决所有问题，实现教育督导的目标还有许多其他方法，如有的监督评价工作可以由社会组织等完成。三是协调、合并一些类似工作。教育督导机构或部门需要协调督导工作，必要时合并同类项，减少重复，以确保更好地利用公共资源，最大限度减轻被督导对象的负担，并最大限度提高效率。

（二）专业透明，实施结果导向管理

无论是教育督导运行治理结构还是人力资源政策，应支持透明性、专业性和以结果为导向的管理。教育督导机构或部门执行任务应不受政治影响，优秀的督导工作应得到奖励。应利用信息和通信技术最大限度关注风险，促进协调及信息共享，并确保资源得到最佳利用。教育督导机构或部门应确保督导的规则和程序的透明性；立法规定督导程序，并予以公开，明确阐明督导机构或部门与被督导对象的权利和义务。通过使用指导、工具包和清单等工具增加督导工作的透明度。

---

❶ OECD. OECD Regulatory enforcement and inspections toolkit [R]. Paris：OECD Publishing，2018.

教育督导机构或部门需要对督导人员进行培训和管理，以确保专业性、一致性和透明度。对督导人员开展大量培训，不仅注重技术，而且注重一般的督导技能，还要为督导人员制定行为准则，以确保一致性和公平性。教育督导机构或部门应提高工作效率，在利益相关者满意度、效率和整体有效性方面提高预期的绩效水平。

（三）以证据为基础，实施响应式教育督导

一是以证据为基础的教育督导。教育督导机构或部门应以证据为基础，根据数据和证据决定督导内容及如何督导，并定期评估结果。二是关注风险重点并按比例督导。教育督导机构或部门需要以风险为基础并按比例实施督导，督导的频率和所使用的资源与风险水平成比例，督导旨在减少违反政策法律造成的实际风险。三是加强响应式教育督导。教育督导机构或部门基于"响应式监管"原则，即根据具体被督导对象的情况和行为调整督导行动。

总之，良好的教育督导制度应同时着眼于在预防或减轻风险方面取得尽可能好的结果，注重提高教育质量等；同时不过分增加国家的成本和被督导对象的负担，并保证不同利益相关者的信任度和满意度。

三、教育督导机构工作高质量的保障体系

（一）内部监督

教育督导机构或部门的质量控制体系包括定期内部督导审查，确保符合部门执行督导的政策、程序和过程。❶教育督导机构或部门的内部质量控制体

---

❶ The Council of the Inspectors General on Integrity and Efficiency. Quality standards for inspection and evaluation [EB/OL].（2022-01-01）[2024-05-14]. https://www.ignet.gov/content/quality-standards.

系根据督导组织的规模、任务和结构而有所不同。教育督导机构或部门将内部审查与常规管理和监督活动区分开来，这样的质量控制效果更好。应由被审查督导活动以外的督导人员进行内部监督，以保障监督的独立性、客观性。

教育督导机构或部门应对所进行的督导工作进行监督，教育督导质量控制的一个关键方面是内部监督。教育督导机构对每次督导活动进行监督，并适当分配监督者的角色和职责。内部监督有助于保证机构或部门充分实施督导计划；严格遵守督导计划，除非有偏差并得到批准；达到督导目标；督导结果、结论和建议有充分的证据支持。对经验不足的督导人员的工作予以额外监督。督导人员还应遵循其督导机构或部门的政策规定，为督导档案提供监督评价的证据。

一些国家对教育督导机构或部门工作及督导质量进行专项评估，专门成立监督委员会，旨在保障并持续改进督导质量。比如，英国教育标准局成立了由皇家督学领导下的校长、学前教育和继续教育学院领导等非督学组成监督委员会，对被投诉的督学进行内部审查和评估。凡是教育标准局督学牵头开展督导工作，其服务质量将依据督导报告质量受到评估。皇家督学或高级督学也会根据证据或现场监督评价其服务质量。每次督导之后，督导组长将评估团队成员的绩效，并对督导质量给予反馈，以此用于进一步培训和支持督导人员专业发展。如果督导质量存在重大问题，教育标准局则保留使用补救措施的权利。这项行动要求督导人员在一定时期内完成被支持计划，然后进一步受到监督和业绩考核。如果该类督导人员的服务质量仍没有明显改善，教育标准局则有权终止合约。

荷兰教育督导局运用审计手段对督导人员进行有效监督，并检查其评估结果是否可靠和有效。为了加强督学内部质量管理，荷兰督导局设置了内部审计部门，由受过培训的督导机构工作人员组成，并由质量管理人员专门负责管理。除了内部审计师，外部审计师也参与审计。其中，现场观察督导的审计手段是质量保障的重要组成部分。伴随着督导活动的不断扩大，督导人员内部质量管理将会变得越来越重要。

（二）外部审查

教育督导机构邀请或指定本机构之外的机构和人员对督导活动进行外部同行审查。荷兰教育督导局通过 ISO-9001（2015）认证，每三年进行一次外部调查以更新证书。荷兰还从法律上规定监督管理督导人员工作并采用审计制度，成立投诉委员会和督导咨询委员会，协助教育督导局保证督导实施的周密性和专业性。

第二节　主要国家教育督导机构的设置概况

在欧洲较多国家的教育机构体系中，学校不能通过地方主管部门获得质量保障。这些国家在学校缺乏中间质量保障层的情况下，往往会对国家级督导机构寄予很高的期望，要求其在一定程度上监督每一所学校，或对每一所学校进行周期性评估。❶ 在实施督导的国家中，主要有两种督导机构类型。第一类，成立国家或高级教育主管部门的一个部门，通常称为"督导部门"，也有较少国家称为"评估部门"。第二类，成立专门负责学校督导评估的独立机构。❷

---

❶ EUROPEAN COMMISSION. Better learning for Europe's young people: developing coherent quality assurance strategies for school education [R]. Luxembourg: Publications Office of the European Union, 2018.

❷ European Commission/EACEA/Eurydice. Assuring quality in education: policies and approaches to school evaluation in europe [R]. Luxembourg: Publications Office of the European Union, 2015.

一、主要国家教育督导机构的设置特征

（一）国家教育机关地区办事处实施学校督导评估

国家教育机关地区办事处是国家教育机关在各级区域内开展工作的行政部门。在英格兰、威尔士和苏格兰，除了由中央或区域机构进行外部学校督导评估，地方主管部门或学校董事会还对所辖区内的学校行使部分评估责任。在英国，地方主管部门或学校举办者对学校行使督导和评估责任。中央与地方实施的方法、目标大致相同，侧重点也大致相同，只是在学校行使的程序和结果不同。在英格兰和威尔士，地方教育主管部门有法律责任推动辖区学校高标准办学。地方教育主管部门一般不实施督导，也有一些地方教育主管部门对学校进行走访督导，主要是对学校的办学业绩进行数据监督，进而发现有需要改进和干预的学校。在苏格兰，教育部要求地方教育主管部门负责所辖学校教育质量提升工作。

（二）国家和地方两级共同承担学校督导评估职责

有的国家，国家和地方两级共同承担学校督导评估等责任。在丹麦，国家质量和监测局每年都会根据指标对每所学校进行监测评价，并从中找出不足。如有必要，由市政主管部门具体负责后续行动及改进措施。该机构还要求市政主管部门制订行动计划，以确保提高学校的教育水平。在冰岛，教育部教育考试研究院协同地方教育主管部门，联合监督与评估学校的情况。在我国，教育督导局承担高等教育院校、职业院校等督导评估责任，地方教育督导部门承担中小学督导评估工作。

有的国家政府不设教育督导部门，国家教育机构负责制度层面的质量提升，但不承担具体的学校督导评估工作。他们可能会走访一些学校，收集证据，在系统基础上对教育的某些方面进行全国性评估，而不对学校个体进行评估。同时，这些国家往往重视学校自我教育质量保障体系，并要求地方教育局对学校有效质量保障安排到位。国家或地方机构可通过风险评估加强质量保障，以确保国家或地方机构在某所学校持续出现严重困难的情况下介入，督促问题得到解决。挪威和芬兰属于这种类型。

（三）区域或子区域机构负责实施学校督导评估

有的国家不同程度地将学校督导评估责任下放到区域或子区域一级。在爱沙尼亚，由县政府教育部门代表教育和研究部外部评价司对学校实施国家监督。但是，当某所学校的投诉非常严重或紧急时，教育和研究部外部评价司将履行评价职责。在匈牙利，由公共行政部门的子区域单位按照教育部制定的准则实施学校督导，包括法律遵守情况和教学评价制度。各办公室之间在一定程度上各自为政。在波兰，由地区督导办公室人员实施学校督导评估，执行教育部的政策，并对各地区的省长负责。在奥地利，联邦政府负责督导学校教育，联邦办事处和若干地区办事处具体实施督导。在土耳其，各省教育理事会负责督导学校，而各省教育理事会之间的协调工作则由教育部监督指导理事会负责。

二、英、法、俄三国教育督导机构的设置案例

各个国家教育督导机构的设置与其教育行政管理体制相适应。英国、法国、俄罗斯教育督导机构设置历史悠久、特点鲜明。英国教育督导机构设置与本国教育行政管理体制一致，分为国家和地方两级督导。法国是典型的集权制设置，设立了"中央—学区—省"的三级教育督导体系。俄罗斯教育督导体制

延续了苏联时期的教育管理体制，设立了联邦教育与科学督察署及各联邦主体的教育督察机构。

（一）英国教育督导机构的设置

英国教育督导与教育行政管理体制相适应，分为国家和地方两级督导。国家教育督导机构为教育标准局；地方教育督导机构内设在地方教育局，一般称为视导处。

1. 国家教育督导机构设置

教育标准局的总负责人为女王总督学。女王总督学是官方任命的人员，任命条款由教育大臣决定。女王总督学必须每年向议会报告职能履行情况。

教育标准局设立了13名主任支持女王总督学的工作，他们组成了教育标准局的执行委员会，负责确立战略重点、目标和任务。

（1）总执行主任：负责指导地区督导部门工作及人事服务工作。

（2）国家教育主任：负责学校督导与提升，学校与早期教育督导，继续教育和技能督导及非注册学校督导等工作。

（3）伦敦地区主任：负责伦敦地区的督导工作质量。

（4）东北地区主任：负责东北地区的督导工作质量。

（5）社会监护主任：负责社会监护政策、实践及早期教育监管部门工作。

（6）西南地区主任：负责西南地区的督导工作质量。

（7）东南地区主任：负责东南地区的督导工作质量。

（8）战略运营主任：负责评价与研究、外部联络、战略与治理等工作。

（9）数字与信息主任：负责信息服务管理工作。

（10）财务规划主任：负责财务及商业服务工作。

（11）西北地区主任：负责西北地区的督导工作质量。

（12）研究与评价主任：负责研究与评价的工作。

（13）东北地区主任：负责东北地区的督导工作质量。

教育标准局的机构设置有以下几个重要特点。第一，与教育行政管理机构分工相对应，分为学校督导与改进部门、早期教育督导部门、继续教育和技能督导部门，在部门划分上体现出专业性。第二，按地区划分责任区，分为东南部、西南部、西北部、伦敦地区、东部和东北部。地区主任所领导的团队负责所分管地区督导工作的质量，并通过督导促进学校的改进。地区主任督学直接向女王总督学负责。第三，重视保障工作。由于督导工作的特点之一是研究性质强、信息处理量大，因此教育标准局还专门设立了机构服务部门，其中重要的工作之一就是信息和数据处理，并增设了教育评价与研究部门。

2. 地方教育督导机构设置

英国每个地方教育局都设立视导处，视导处的督学由地方教育局招聘和任命。它们的主要职责是协助地方议会、地方教育委员会和地方教育局把当地每所学校办得更好。在英国，直接管理学校的权限在地方而不在国家。

（二）法国教育督导机构的设置

法国是典型的集权制国家，设立了"中央—学区—省"的三级教育督导体系。中央一级设置了教育、体育与研究总督导局，学区和省一级分别在对应的教育部门设置有督导处和督导组。

1. 中央一级督导机构

教育、体育与研究总督导局（IGÉSR）于 2019 年 9 月 27 日由国家教育督导局（IGEN）、国家教育管理督导局（IGAENR）、青年和体育督导局（IGJS）和图书馆督导局（IGB）合并而成，接受"国民教育、青年与体育部"和"高等教育、研究与创新部"的联合领导。

2. 地方教育督导机构

地方督导机构主要有学区督导机构和省督导机构。学区是教育部设在地方一级的教育行政管理单位。目前，法国设有 18 个行政大区 97 个省，共 34 个学区。学区是教育部在地方设置的分支机构，接受教育部的直接领导。其中，学区长是教育部部长派往地方的直接代表。省教育局是法国地方基层教育行政管理机构。法国本土现有 97 个省，每个省教育局设一名局长，由教育部部长提名、总统批准、学区长任命。一般来说，大部分省教育局局长都由学区督学担任。

（三）俄罗斯教育督导机构的设置

俄罗斯教育督导体制延续了苏联时期制定的教育管理体制，设立了联邦教育与科学督察署及各联邦主体的教育督察机构。联邦教育与科学督察署由俄罗斯联邦政府统管，各联邦主体的教育督导机构隶属于当地教育主管部门。

1. 联邦督导机构

当前联邦教育与科学督察署内设 7 个事务部门及 6 个研究中心，并强调事务部门与研究中心的业务融合。联邦督导机构承担法规制定与修订、青少年权利保护、教育活动监管、教育机构许可与认证、信息系统建设与维护、标准制定及本署内部事务管理等若干职能。❶

---

❶ Федеральная служба по надзору в сфере образования и науки. Структура [EB/OL]. （2021–10–22） [2024–01–01]. https://obrnadzor.gov.ru/o-rosobrnadzore/struktura/.

2.地方督导机构

当前俄罗斯联邦政府8个联邦区共设有85个地方督导机构，具体分布如下：中央联邦区（18个）、西北联邦区（11个）、南联邦区（8个）、北高加索联邦区（7个）、伏尔加联邦区（14个）、乌拉尔联邦区（6个）、西伯利亚联邦区（11个）及远东联邦区（10个）。地方教育督导机构主要隶属于各联邦主体教育部门，其职责主要是完成地方一级与许可证发放、教学质量评估及认证工作有关的指标设计、信息收集、教育机构申请材料审核及登记、专家组织认定、年度数据汇总及分析报告撰写等。

三、主要国家教育督导机构的工作范围

大部分国家建立全面覆盖基础教育学段的督导体系，督导范围不仅包括从幼儿园到高中的公立学校，还包括职业学校/学院、私立学校。越来越多国家扩大督导范围，逐步将学校相关服务及管理机构纳入督导。英国督导范围较广，不仅开展各级各类学校督导，还督导儿童保育、收养和抚养机构，以及各种技能培训机构、教师教育机构、地方教育主管部门等。荷兰鉴于董事会直接负责管理学校，最新制度改革为督导学校董事会管理状况。除此之外，一些国家督导机构还兼有其他方面监督管理职能。例如，加拿大、新西兰督导家庭、学校和保育状况；荷兰督导局负责监督中等教育和职业教育考试过程和质量；新西兰教育督导办公室负责审核教师资格证书；法国教育督导局负责教师招聘和培训等。世界主要国家督导对象及范围的具体内容如表2-2所示。

归纳学校督导对象及范围，主要有以下三种。

第一，以中小学教育为主，对各级各类教育质量进行督导。英国督导检

查学校办学质量，包括所有公立中小学、学院和一些独立学校的办学质量；督导继续教育学院，包括大学预科、独立专科学校、舞蹈和戏剧学院、提供继续教育的高校、非营利组织、16~19岁学院和独立学校等。

表2-2　世界主要国家督导对象及范围

国家	督导对象及范围
英国	1. 所有公立中小学校和学院质量 2. 一些独立学校质量 3. 儿童保育、收养和抚养机构 4. 继续教育学院质量（14~19岁） 5. 为所有年龄段人群提供技能培训的机构 6. 地方主管部门的儿童服务情况 7. 地方主管部门的学校改进服务情况 8. 教师教育 9. 成人和社区教育 10. 监狱和其他安全机构教育和培训 11. 国家整体教育状况
法国	1. 国家教育制度监控 2. 公立学校教育教学质量 3. 行政管理、财务督导 4. 专项督导 5. 学区督导 6. 教师评估 7. 教师招聘与培训
荷兰	1. 学校质量 2. 治理机构管理 3. 保育和幼儿游乐场地办学条件和市政府绩效 4. 中等教育考试过程 5. 职业教育学校的考试质量 8. 学校或地区的财务或人事管理 7. 专项督导

续表

国家	督导对象及范围
新西兰	1. 中小学和早期教育服务机构督导 2. 家庭教育和保育督导 3. 教师执业证书审核 4. 学习社区督导 5. 专项督导 6. 国家政策、绩效等督导
德国	1. 中小学 2. 职业学校 3. 中等专业学校
中国	1. 幼儿园 2. 中小学 3. 职业院校 4. 高等院校 5. 专项督导

第二，对中小学教育教学和指导人员开展检查、评估和培训。法国地方一级督学的主要任务，一是对中小学教师和指导人员开展检查、评估和支持，以确保教育质量和学生学习效果。此项督导任务通常与教学评估合并开展，组建督导小组，结合学校或教育机构的背景，对教师和指导人员提供个性化的建议，帮助其提高专业技能。在督导过程中，督学尤其关注实习教师的发展情况，借助教学顾问和专业培训学校网络、学术教师培训网络等资源支持实习教师的专业成长。二是对高等教育学校的师范学生理论学习和教学实践情况开展督导，参与设计培养方案和培训模块，强调专业情境和理论教学之间的衔接，指导师范学生未来成长为称职的教师。三是对教育机构的管理人员履行领导责任情况开展督导，运用专业知识指导管理人员提高管理效能。

第三，对教育机构的学历学位、课程与活动进行监管、审核与认证。俄罗斯联邦教育督察署对教育机构申请开展的教育活动进行认证，以确保活动实施符合联邦政府及各州建立的教育标准要求。对在特殊领域开展的中等职业教育计划进行审核，包括国防、军事产品生产、联邦国民警卫队活动，以及核能、运输和通信等。对联邦政府依法授权各联邦主体开展的教育活动进行监管和监督，并对不履行或履行不到位的情况提出建议，如学位授予和学历确认等活动。对联邦教育督察署职权范围的教育活动进行许可认证并进行登记。根据监测资料，在国家中等教育课程最终认证过程中组织学生参与集中考试。对各项教育活动提供专业支持，如为各联邦主体对基础普通和中等普通教育的州一级认证提供方法支持，组织开发基础普通和中等教育的国家最终认证监测材料及对应的考试评估标准。❶

---

❶ 中国教育科学研究院. 中国特色教育督导概论 [M]. 北京：教育科学出版社，2023：89.

第三章 学校督导评估标准

各个国家往往依据本国教育质量内涵制定学校督导评估框架。学校督导评估框架通常高度标准化。事实上，如果没有参数和标准，就难以为学校督导评估活动提供高度结构化的过程。不同国家对教育目的有不同的期望，因此对教育质量的理解和侧重点存在明显差异。在大多数情况下，各个国家督导评估的重点是各类学校活动，包括学校管理、学生成就和政策落实等情况。学校督导评估标准呈现结构化和统一性，不仅能够确定督导评估的重点，而且可以定义"好学校"的标准。学校督导评估标准以两部分为基础：一是参数或待评估领域的可衡量方面；二是所需标准，即基准、表现水平或规范。两者共同提供形成质量判断的基础。

第一节 学校督导评估的指标构建与价值判断

当前，广泛得到认可的教育发展指标的模式为"教育输入—教育过程—教育产出"。这是按照教育发展过程（"投入—过程—产出"）或教育效果发挥过程（"成本—过程—结果"）的逻辑展开的纵向教育指标领域。[1] 奥克斯提出"输入—过程—产出"（Input-Process-Output，IPO）模型，用以评价学校系

---

[1] 杨向东，等.学校教育指标系统的构建 [M].上海：华东师范大学出版社，2019：17.

统。虽然在具体领域的构成上有所不同，但这种以学校教育为核心，将系统划分为"输入—过程—产出"三个阶段的思路有着深远的影响，后继有关学校教育的各种模型大都沿用了这一思路。以下内容从"投入—过程—产出"三方面对学校督导评估标准的参数进行概述。

一、学校督导评估的指标构建

（一）学校投入及法律政策规定

学校投入主要包括学校财政和其他资源。有关学校投入的主要指标表现为教师资质、班额、校额和办学条件等。这类督导特别注重控制服从性，第一个目标是确保学校遵守法律和政策规定，如招生政策和安全法规政策。瑞典教育督导局督导学校是否为所有学生提供平等受教育的机会，荷兰和爱尔兰教育督导局则督导学校是否安排和提供最低课时数。爱尔兰和英格兰的督导人员还收集了有关学校投入的一些指标，如学校建筑质量。当督导人员认为这些投入会影响教育过程质量时，他们就开始收集相关信息。督导人员不会对学校投入单独打分。选择这种方法的原因是，在解释学校质量和学生成绩时，关注投入和过程条件的复杂性、相互关联性。爱沙尼亚学校督导评估主要集中在学校对法律政策的遵守情况上，并且每年制定不同的督导专题。我国学校督导注重学校的安全、卫生制度建设和执行情况，校舍的安全情况，教学和生活设施、设备的配备和使用等教育条件的保障情况，以及教育投入的管理和使用情况。督导学校是否遵守规章制度是最古老的官僚监管类型。

（二）学校教育过程

关注学校教育过程的指标有利于提升学校质量。教育过程主要涉及学校的教育质量，内容包括课程质量、教学质量和教师质量等，越来越成为督导框架中重要的构成部分。在解释学校质量的差异方面，过程变量比投入变量更重要，而且需要学校注重发展过程以提高质量，高收入国家尤其如此。❶大部分国家的教育督导框架中涉及"学校领导和管理""教与学"等指标，以确保督导人员形成对国家教育质量的共识，并根据国家教育质量标准评估学校。

（三）学校产出

学校产出主要包括学生学业成就、毕业率等学业成果，以及学习态度、学习动机等非学业成果。随着学生成绩数据的可获得性和使用性的增加，学校督导更加关注学校产出指标。爱伦等认为，学业成就评价有利于防止目标转移。目标转移指的是使达到长期或最终目标的手段本身成为最终目标。❷例如，设置学校自我评价的初心是告知学校提升程度，然而对学校自我评价的评估成为最终目标。如果督导人员仅注重评估学校自我评价的文件和程序的质量，而不评估其在提高学生成绩方面的作用，就可能出现这种情况。学校产出指标纳入督导框架中，有可能减轻这种反应，并提供更准确、更全面的学校质量情况。学校产出有以下几种类型。

1. 运用国家标准化测试成绩评估学校产出

学校产出通常包括学校所有学生在数学和读写能力方面取得的成就，并将学校表现与入学学生数量相似的学校进行比较。一些教育督导部门为了提高督导评估的准确性，对学生成绩数据进行更精细、更复杂的分析，并且在基于

---

❶ HANUSHEK E A. The economics of schooling: production and efficiency in public schools [J]. Journal of Economic Literature, 1986, 24（3）: 1141–1177.

❷ MELANIE C M EHREN. Methods and modalities of effective school inspections [M]. Switzerland: Springer International Publishing, 2016: 21.

风险督导中进行预警分析。荷兰和英国在这方面积累了很多经验。增值结果也经常被作为学校产出指标。增值方法采用数学算法，试图将学校对学生学习的贡献与影响学业成绩和进步的所有其他因素隔离开来，如学生个人能力、家庭收入水平、父母受教育程度或同龄人群体的影响。这些模型也被称为增值评估（Value Added Model，VAM）模型，目的是在考虑学生背景差异的同时，评估教师或学校对学生成绩的影响。❶

汉密尔顿和科瑞兹（Hamilton & Koretz）区分了两种类型的考试成绩报告，❷具体内容如下。

第一种类型是常模参照。参照考试成绩报告描述一所学校成绩与其他学校成绩比较所处的排名位置。这样的报告基于以下三个因素。

百分位排名：表示某一参考群体得分低于某所学校的百分比，参考群体通常是全国在校学生。因此，如果一所学校在全国百分位排名80，则表示该校分数高于全国80%样本校。

标准分数：用学校考试分数与平均分之差表示学校的表现。考试分数被转换成某一平均值和标准差，如 z 分数（平均值 = 0，SD = 1）、t 分数（平均值 = 50，SD = 10）和正常曲线等值（Normal Curve Equivalents）（或 NCEs – 平均值 = 50，标准差 = 21.06）。因此，一所 t 分数为 60 的学校比平均值高出一个标准差，大致相当于百分位排名 84。

年级当量（Grade Equivalent，GE）：把学生考试成绩与各年级学生平均成绩比较，看其相当于几年级的水平。GE 通常以十进制形式表示，如 4.8。

❶ American Statistical Association. ASA statement on using value-added models for educational assessment [EB/OL]. （2014–04–08）[2023–04–07]. https://www.amstat.org/policy/pdfs/ASA_VAM_Statement.pdf.

❷ HAMILTON L S，KORETZ D M. Tests and their use in test-based accountability systems. // HAMILTON L S, STECHER B M, KLEIN S P. Making sense of test-based accountability in education [R]. Santa Monica：Rand cooperation，2002.

其中第一个数代表年级，第二个数代表月份（对于 10 个学习月，零代表首次进入该年级的学生的表现）。如果一个学生在三年级考试中得了 4.8 分，那么该学生成绩相当于四年级第 8 个月学生成绩的中位数。GE 是一种旨在检测成长的发展量表。在任何学科和任何水平一年的增长中，成绩增长的中位数是 1.0GE。GE 的使用前提是当几个年级同时开设某门课程，只有课程内容的广度和深度系统地发生改变时，才适宜用年级当量来解释被试的测验分数。

第二种类型是标准参照或基于标准的报告。这种类型的报告不包括与其他学校群体或学校个体的比较，而是将一所学校的成绩与一个或多个固定水平的成绩进行比较。这种固定水平的成绩通常包括最低考试分数的目标，以及期望学生在特定内容领域掌握的知识。

汉密尔顿和科瑞兹区分了两种设定目标的广泛方法。❶第一种被称为"位置"，第二种是"变化"。位置方法衡量标准将一个单位在某一时间点的表现与单一标准进行比较，该标准可能是教育督导部门设定的学生成绩标准，类似学校平均成绩（如学生人数相似学校的平均成绩）或历史平均成绩（如一组学校 3 年内的平均成绩）。此外，变化方法是将一个单位在某一时期的成绩与以前的成绩进行比较。可以用横截面数据将今年的三年级学生与去年的三年级学生进行比较，也可以用纵向数据将今年的五年级学生与去年的四年级学生进行比较，还可以用纵向数据将学生成绩与自身进行比较。目标在于量化学校预期的变化量。

2. 增值分数

汉密尔顿和科瑞兹认为，可以根据学校、班级、学科或某个学生群体的

---

❶ HAMILTON L S, KORETZ D M. Tests and their use in test-based accountability systems. // HAMILTON L S, STECHER B M, KLEIN S P. Making sense of test-based accountability in education [R]. Santa Monica：Rand cooperation，2002.

水平来报告考试成绩。● 按照这些作者的观点，选择报告学校、班级和学科还是学生个体的分数，以及是否针对特定群体进行分类，应该根据分数的使用目的和利益相关者对特定类型信息的期望来决定。在每一个模型中，考虑到学生成绩和社会经济地位及学生背景的其他方面之间的密切关系，可根据学校和学生的特征调整考试成绩。

荷兰教育督导人员使用增值评价和方法。在荷兰，主要根据父母的教育水平将学生成绩划分为不同类别，用于评估并给学校产出划分等级；并在早期预警分析中识别潜在的不合格学校，为督导提供依据。英国、加拿大和爱尔兰督导也使用了增值评价的方法。例如，在爱尔兰，教育和技能部出台了一项提高读写能力和计算能力标准战略，并建议使用一种被称为"像我们这样的学校"的基准数据分析工具。该工具允许学校既可以访问自己的数据，也可以访问来自匹配学校的数据。以加拿大为例，安大略省教育部识字和计算秘书处开发了一个基准测试模块，也称为"像我们这样的学校"。它的目的是"找到与任何选定学校相似的学校"，使用可用指标的任何组合，如相似的人口统计数据但更高的学业成就。

在学校督导评估中推广增值指标，其前提是需要准确利用学生成绩来判断学校实效。例如，希伦塞等（Scheerens）认为，拥有更多关于学生个体、学生分组和全校学生的信息，以及学校整体人口或代表性样本的比较数据，可以对学生成绩进行更可靠和更有信息量的分析。❷ 但是，唐纳森和约翰逊（Donaldson & Johnso）认为，关于学校对学生学习实际增加的价值，仍存

❶ HAMILTON L S, KORETZ D M. Tests and their use in test-based accountability systems. // HAMILTON L S, STECHER B M, KLEIN S P. Making sense of test-based accountability in education [R]. Santa Monica: Rand cooperation, 2002.

❷ SCHEERENS J. What is effective schooling? A review of current thought and practice [C]. Washington, DC: Paper for the International Baccalaureate Organization, 2013.

在很大程度的不确定性，此类模型仍在开发中，因此容易出错。❶尽管困难重重，许多教育督导部门还是看到了研究增值方法以提高判断可靠性和有效性的好处。特别是与目前比较粗糙的方法相比，这些方法将学校表现与人口的平均原始分数进行比较，或使用免费学校餐等级或关于学生社会经济背景的其他数据，将学校划分到相似的等级并对其进行比较。

3. 学生社会成果

认知学科的测试结果不能够完整地描述年轻人的能力。许多国家认为，除了学习知识，学生未来进入社会和劳动力市场后，还需要更广泛的能力和技能。❷在学校层面，教育的社会成果包括人们实现其目标所需的社会能力，以及在工作和其他各种情况下与他人相处的能力。它还涉及公民能力，即要求为社会、民主和人们生活的社会网络作出贡献的能力。将社会成果纳入督导框架，可以提供学校产出的更广泛领域，并防止学校只专注于教授数学、阅读和写作。最近，一些国家和地区的教育部门也开始将社会成果纳入学校督导范围，如挪威、荷兰和苏格兰。英格兰学校督导框架明确指出，必须将学生在精神、道德、社会和文化方面的发展纳入督导评估。我国香港地区则专门开发了学生情意及社交表现评估套件，有助于学校评估学生学习以外的成果。新西兰的学校评估还以学生的学业成就作为评估学校"结果质量"的主要依据，其中特别强调将学生的情感、态度和价值观作为评估指标。❸

---

❶ DONALDSON M L, JOHNSON S M. The price of misassignment: the role of teaching assignments in teach for America teachers' exit from low-income schools and the teaching profession [J]. Educational Evaluation and Policy Analysis，2010，32（2）：299–323.

❷ DIJKSTRA A B, DE LA MOTTE P I, Ehren M C M, et al. Discussion. School inspections and school improvement in the social domain. The assessment of social outcomes of education. // DIJKSTRA A B, DE LA MOTTE P I. Social outcomes of education；the assessment of social outcomes and school improvement through school inspections [M]. Amsterdam：Amsterdam University Press，2014：189–215.

❸ 武向荣. 美国、新加坡等国家和地区学校质量督导评价实践及其启示 [J]. 教育测量与评价（理论版），2016（3）：7–11.

二、学校督导评估的价值判断

阿尔金（Alkin）评价理论中的重要维度是价值判断，即对某些对象、情况或过程的质量做出价值判断。❶评估者必须重视他们的发现，价值判断成为评估区别于其他形式研究的标志。一些价值判断的方法如下。

不合格判断。在教育督导中，通过或不通过判断的方法很常见。大多数教育督导部门都依据清晰、结构化的协议和指导方针做出判断，通常分为四个等级，从"非常弱"到"优秀"，其中2~3级代表"合格"或"不合格"的分界点。

学校质量比较。第二种方法表现为对相似实体进行比较，由评价人员确定判断标准，并对这些标准做出判断。❷比如，在奥地利施蒂利亚省，督导人员依据督导标准报告学校的表现，但有意避免给出"不合格"或"优秀"的判断。这种方法的基本原理是为学校质量提供一个更公平的解释，认为"合格"或"不合格"的判断不能公正地反映学校之间的巨大差异。

无目标评估（Goal-Free）。无目标评估方法表现为评估者可按自己的意图进行评价活动，拒绝以项目目标作为起点。评估者使用描述事件、反应和相互作用等定性方法鉴别项目的真正成果。无目标评估使学校督导人员有助于描绘学校功能，以及每个成员对学校表现的贡献。督导人员的任务是尝试理解所看到的东西，决定看到东西的价值。在无目标评估中，督导人员考虑到利益相关者的需求和关注点，判断时采取不同的立场。

为了帮助督导人员评估和评价学校质量，教育机构在评估框架中规定了学校工作的每个参数或领域的预期成就水平。学校评价维度构成了学校督导

❶ ALKIN M C. Evaluation roots: a wider perspective of theorists' views and influences [M]. Thousand Oaks: Sage Publications, 2013: 56.

❷ SCRIVEN M. Empowerment evaluation examined [J]. Evaluation Practice, 1997, 18（2）: 165-175.

职能的重要组成部分，这意味着督导的核心是"判断"，即使用学校之间能够进行某种程度比较的框架，包括学校质量指标，或遵守法律法规政策指标。判断结果通常通过督导报告呈现，或在教育督导网站上以学生分数及学校排名的形式呈现。判断可以包括学校总成绩，如不合格或表现良好，但也可能包括优势和劣势的概述。

大部分国家制定了统一参数及统一预期标准，并以此为依据判断学校质量。在一些国家和地区，如捷克和奥地利，虽然制定了统一参数，但预期标准并不统一，督导人员可根据自己的经验决定对一所学校的期望。大部分国家和地区依据标准给学校划分等级，通常表现为四个等级。比如，英国对学校进行四级划分，分别为优秀（Outstanding）、良好（Good）、亟待改进（Required Improvement）、不合格（Inadequate）。荷兰也对学校进行四级划分，表现为好（Good）、满意（Satisfactory）、不满意（Unsatisfactory）、非常薄弱（Very Weak）。

不单单根据国家标准，而是根据国家和学校的共同标准评判学校越来越成为趋势。荷兰依据学校质量督导评估框架，对每项指标从三个方面规定质量标准：一是国家基本质量标准，即学校及其董事会必须达到的国家基本标准。二是学校自己设定的远景目标，即学校和董事会想要实现的目标。三是依据现有法律法规政策对基本质量标准予以解释，即适用该标准的法定要求。这种方法有助于激发学校办学活力。我国重庆市永川区在这方面做了很好的实践探索，紧扣评价统一要求，结合学校实际自主选择评价项目、自主设定评价标准、定期开展内部评价和自我改进提升。❶

---

❶ 重庆市永川区教育委员会.评价标准可自行制定？这个做法让学校迸发出强劲动力！[EB/OL].（2021-11-28）[2024-10-12]. https://mp.weixin.qq.com/s?__biz=MzAxOTE1NzE2Ng==&mid=2651577880&idx=1&sn=962e475827e1f0d103fb93aeac2bcf28&chksm=803427d9b743aecf176a71efbd58a921991ff96003675188447503b95258700fa1c70e5012ee&scene=27

第二节 学校效能与测量

学校督导评估标准制定的主要依据是学校效能理论，而学校效能的影响因素是学校督导评估标准制定的主要依据。希尔斯（Scheerens）描述的学校效能指标在不同程度上体现在每个国家的督导框架中，包括学习机会和学习时间、成就导向、清晰和结构化的教学方式、具有挑战性的教学方法和有序的学习环境等。

雷诺兹（Reynolds）等概括了学校效能的相关因素。[1]在布鲁克瓦（Brookover）等人重要的社会风气研究发现之上，埃德蒙兹（Edmonds）发现，在学校层面有五个相关效能因素，即强有力的学校领导力、强调基本技能的获得、促进学习的有序氛围、对学生取得成就的高期望及经常监测学生的进步。[2] 2000 年，泰德利和雷诺兹的全方位文献综述中，整合数百项"基于过程"研究的分析结果，将埃德蒙兹的五项效能因素扩大到九项，包括领导力效能，即坚定、参与、以教学为导向、让教职员工参与、教职员工聘用和解聘；聚焦学习成果和学习时间最大化；正向的学校文化，涵盖共同的愿景、有序的校风；对学生和教职员工的高期望；监督学校层面、课堂层面和学生层面的进展；让家长参与，通过减少负面影响促进积极互动；有效教学，最大限度地利用学习时间、分组策略，向最佳实践看齐，教学适应学生需求；校内进行专业发展并与学校发展规划相结合；通过赋予学生责任和权利，让学生参与教育全过程。

---

❶ 雷诺兹，萨蒙斯，达姆，等.教育效能研究：过去、现在和未来 [J].教育研究，2020，41（10）：116–133.

❷ BROOKEOVER W B, et al. Elementary school social climate and school achievement [J]. American Education Research Journal, 1978, 15（2）：301–318.

基于以上分析，参照爱伦等学者提法，❶本书将学校效能的影响因素及其测量可归纳为以下几类。

一、学校成果

学校成果要素主要表现为学生取得的成就。数据来源于有关学生成绩的记录，通常可细化为"明确关注学生对重要学科的掌握程度""学校和教师层面表达高期望"和"记录学生的成就"等。学生成就一直是教育效能研究中占主导地位的效能标准。然而，近年来，学界一直在研究和调查更广泛的教育成果，包括非认知结果，如学生幸福感、社会情感技能和获取成就的动力等。

二、有效的学校领导与管理

（一）领导力

强有力的学校领导至关重要，甚至可以说是首要的关键因素。❷常见代表教育领导力的操作定义和工具如下：①为学校制定发展目标与愿景。②教学领导。非常关注教与学的主要过程，以及支持教与学的领导角色，特别是对教师教学指导和学生进度的监测和评估。③变革型领导。变革型领导更多针对学校质量提升活动，强调学校领导的部分工作可以下放给教师。④重视教师专业化发展。数据来源是规划文件，如学校发展计划或任务陈述，以及校长和教师问卷调查等。

---

❶ MELANIE C M EHREN. Methods and modalities of effective school inspections [M]. Switzerland：Springer International Publishing，2016.

❷ 杨向东，刘晓陵，陈芳，等 . 学校教育指标系统的构建 [M]. 上海：华东师范大学出版社，2020：111.

（二）凝聚力

校长具有凝聚力，能让教职工团结一致，形成共同的教育价值观。在早期实践中，主要强调合作的可衡量方面和个人满意度。近期，在学校作为专业学习社区和"同伴学习"概念的推动下，教职工合作一方面集中在学校水平提高的举措上，另一方面则是教与学的讨论。有时也用"团队教学"作为衡量教师合作程度的指标。一般通过会议和协商的类型与频率、合作满意度、合作任务相关方面、教学目标和方法的一致性来衡量教职工的合作能力、凝聚力和共识。

（三）学校氛围

学校氛围是有效学校的重要环境因素。"安全""有序"的校园氛围成为国际评估研究中获得相对积极支持的一种学校组织条件。回顾学校效能研究，该要素也从一开始就受到重视。学校内部关系主要指师生关系、教师与教师的关系、领导与教师的关系等。学校风气要素的相关构成表现为有纪律性、合作性，教职工与学生、教职工之间保持良好的关系。

（四）评价和监测

评价和监测作为一种提高学校效能的条件，由学校评价、课堂评价和学生评价构成。此外，评价和监测还包括测量应用的频率、教职工对评估的满意度、运用评估结果改善学校的情况。衡量学校评估和监控的指标通常包括学校是否系统地使用学校自我评价程序、学生监测系统和其他类型学生考试和评估系统。学校经常使用的评价和监测措施包括，教师之间的协作、正式和非正式形式的教师评价和教学评价是否在"同伴学习"中占有一席之地。

三、有效的课堂教学

有效教学是有效学校的关键特征。越来越多的研究同时关注学校层面和课堂层面的教学，这里主要指有效的课堂教学。

（一）结构化教学

结构化教学要求教师深入了解学习者的认知发展阶段，以及学科知识的内在结构，从而设计出与之对应的教学策略，以使学生能够更有效地学习和掌握知识。结构化教学涉及整体把握基本知识点之间的联系，以及在课程中体现的各种关系，如元素联络、行为关系和方法联络，这些都是为了帮助学生建立起对知识实质深刻的理解和认识，从而培养他们的结构化思维的能力。测量时需关注设定明确的学习目标、顺序性内容呈现、在教学中使用提问和反馈，以及评估和监测学生的进步等。

（二）课堂氛围

课堂氛围主要关注课堂上的师生关系，对学生认知和情感的支持，帮助学生完成任务，激发学生的参与度和自我效能感。测量时，有时还会包括课堂气氛的"有趣因素"，询问学生对教师的感情，教师是否会聊一些学校以外的活动，课堂上是否会有笑话或笑声。

（三）有效学习时间

通常有三项指标用于衡量学习时间，即规定学习时间（国家规定课时）、净教学时间（一节课中教师实际参与教学的时间，减去组织课堂的时间）、任务时间（学生积极参与的时间）。通常根据最大化净教学时间和任务时间定义课堂管理。

（四）建构主义教学

建构主义教学以学生为中心，在整个教学过程中由教师发挥组织者、指导者、帮助者和促进者的作用，利用情境、协作和会话等学习环境要素充分发挥学生的主动性、积极性和首创精神，最终达到使学生有效地实现对当前所学知识的建构目的。强调学生通过积极参与和建构知识的过程来学习，学生的自主学习和合作学习能够激发学生的学习兴趣和主动性，并能够提高他们的学习动机和学习成绩。

（五）差异化教学

差异化教学认识到学生之间的个体差异，通过调整教学模式、教学策略以满足不同学生的需求。学校可以通过以下方法来推动差异化教学：将学生分层到学习能力水平不同的班级里，在一个教室里将学生分成不同的能力组，调整教学节奏，为学生安排不同的学习主题，以及在相对异构的教室里进行个性化教学。差异化教学还包括为学习成绩偏低的学生提供额外的教学和特殊的支持，并为成绩优异的学生提供更多的挑战。

四、家校社的有效合作

家长参与学校教育主要表现为，家长在学校决策中能够发声，家长积极参与和支持学校事务，以及学校引导家长参与学生学习。衡量家长参与的方法通常包括，询问学校政策对家长参与的重视程度，与家长交流的频率，校长、教师和家长对家长参与的满意度。家庭、社区和学校的合作活动也是主要测量指标。

第三节 主要国家与地区学校督导评估指标分析

一、学校督导评估指标的建构逻辑

教育指标旨在揭示学校内大量人际互动背后的共享价值观和各种隐性理念。[1] 在不同的学校本质观下，教育指标系统的指向及预期产生的功能都是不同的。在生产功能观下，教育指标主要用于揭示学校运作中的关键资源、过程和结果。教育指标所提供的信息将成为学校管理者或教育政策制定者的工具，以及制定规则和奖惩制度的基础。而在共同体观下，学校成员的行为、态度和信念才是影响学校文化、结构和功能的内在基础。虽然外部政策和管理措施也能影响学校的运作，但是教育指标所揭示的信息更多是让管理者和学校成员了解学校自身，促进对话和理解。[2]

不同国家与地区根据学校督导评估职能定位、教育发展理念及时代特点，形成不同的学校督导评估框架逻辑。英国代表了典型的生产功能观，主要用于外部督导评估。而我国香港特别行政区、新西兰、美国纽约州代表了共同体观，主要用于学校自我评价。有时，两种观念没有严格的逻辑区分。下面以英国、中国香港特别行政区、新西兰、美国纽约州为例，阐述不同国家与地区的学校督导评估指标的框架逻辑。

（一）英国学校督导评估的理念框架逻辑

在英国，以往学校督导评估过分注重问责，即高度注重学生成绩，导致

---

[1] 杨向东，刘晓陵，陈芳，等.学校教育指标系统的构建 [M].上海：华东师范大学出版社，2020：17.

[2] BRYK A S, HERMANSON K L. Educational indicator systems: observations on their structure, interpretation, and use [J]. Review of Research in Education, 1993, 19（1）: 451–484.

课程狭窄，考什么、教什么及学生差距引起的社会不公平。因此，近年教育标准局对学校督导评估指标进行了大力改革，形成以课程为中心的学校教育质量督导评估标准。通过督导评估学校教育质量、领导力与管理、学生行为与态度及个人发展，告知家长学校整体办学质量，并问责学校。所有公立学校的学生都要学习基础课程，包括国家课程、宗教教育、适合不同年龄阶段的性教育。所有学校必须促进学生精神、道德、社会、文化、智力和身体方面的发展；使学生为将来的机会、责任和经历做好准备。英国学校督导评估的理念框架如图 3-1 所示。

图 3-1　英国学校督导评估的理念框架

（二）中国香港特别行政区学校督导评估的理念框架逻辑

中国香港特别行政区教育局期望学校能从整体的角度去检视学校的重点工作，以提升评估工作的效能，强调"策划—推行—评估"自评循环的理念。学校通过自我评价，以制定发展方向及策划未来，又透过付诸实践及评估，将所得的经验总结以回馈下一发展周期的策划。这种循环不息和周而复始的过程，使学校能持续发展和自我完善。在"学校管理"指标范围下明确列出"策划""推行"及"评估"三项表现指标，并在"课程和评估""学生学习和教学"及"学生支援"等指标范围将此理念贯彻体现，使学校将自评与学校的日常工作结合起来。

中国香港特别行政区通过综合四个指标范畴所涵盖的内容，描述表现指标的理念。整体而言，以"学生表现"的两个指标范围，即参与和成绩、态度和行为为中心；外层包括"教与学""校风及学生支援"之下的四个指标范围，即学生学习和教学、课程和评估、学校伙伴及学生支援；并再向外伸展，涵盖"管理与组织"的两个范围，即学校管理、专业领导。学校在运用表现指标时，还需充分考虑学校的背景因素，如图 3-2 所示。

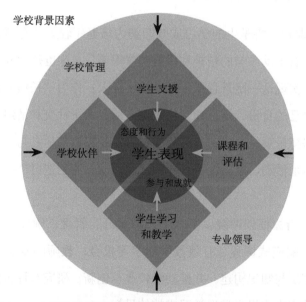

图 3-2　中国香港特别行政区学校表现指标的理念框架（2022）

资料来源：中国香港特别行政区教育局，香港学校表现指标 [EB/OL].（2022-12-08）[2024-07-10]. https：//www.edb.gov.hk/sc/sch-admin/sch-quality-assurance/performance-indicators/.

中国香港特别行政区教育局认为，为提升"学生表现"，学校须在"教与学"和"校风及学生支援"两个范畴有良好的配合，而优质的"管理与组织"能有效促进"教与学"和"校风及学生支援"相关计划的施行和评估，以达到自我完善。学校在四个范畴的表现相互关联，体现表现指标具有环环相扣、互为影响的性质。因此，学校人员应从整体的角度，重点评估学校的工作。此外，由于每所学校的发展步伐不同，学生的背景也有差异，学校在运用指标进行评估时，应充分考虑本身的背景因素，以配合"校情为本，对焦评估"的原则。

（三）新西兰学校评价的理念框架逻辑

《新西兰课程》将学生的学习成效归纳为培养年轻人"充满自信、保持与世界的联系、有主动参与的精神和做终身学习者"。这也是学校评价指标框架的核心愿景。实现这一愿景意味着每一位年轻人：作为"长白云之乡"新西兰的公民，对自己的身份、语言和文化充满自信；长于社交和情绪控制，坚韧不拔，对未来保持乐观；是成功的终身学习者；积极自信地参与各种活动，包括文化活动、本地活动、全国性活动和全球性活动，为创造可持续的未来世界作出贡献。

学校评价指标框架围绕以下六个领域展开：管理；领导力；强大的教育联系和关系；响应式课程、有效教学和学习机会；教师的专业能力和合作能力；评价、调研与知识构建，并推动学校改革创新。研究和评价结果显示，这六个领域有助于实现提高学生学习成效的目标。

新西兰认为，对学生学习成效影响最大的两个领域分别是"强大的教育联系"和"响应式课程、有效教学、学习机会"。这两个领域对学生学习成效的相关影响，取决于管理、实现公平与卓越的领导力、职业能力与集体能力、探究与知识构建过程的质量与效果。好的学校能够协调整合所有领域，并且每个领域的实践活动均能达到较高的质量。新西兰学校评价的理念框架如图3-3所示。

图 3-3　新西兰学校评价的理念框架（2016 年）

资料来源：Education review office. School evaluation indicators：effective practice for improvement and learner success [EB/OL].（2016–06–01）[2024–08–09]. http://ero.govt.nz/.

（四）美国纽约州学校质量评价的理念框架逻辑

自 2005 年起，纽约市就开始对学校质量进行评价。质量评价是一项根植于纽约市学校质量评估准则的过程，旨在评估学校在支持学生学习和教师实践方面的组织情况。制定质量评价标准是为了帮助纽约市公立学校通过查看学校的绩效统计数据来提高学生的成绩，以确保学校采用有效的方法来加快学生的学习。纽约州的教学课程、教学法和评估的质量指标基于行动理论，即当学生、教师和内容（教学核心）之间的关系得到改善时，学生的学习就会得到改善。

《2022—2023 年质量评估准则》旨在呼应《纽约州下一代学习标准》倡议的纽约州下一代学习标准、文化响应可持续教育，反映了该州致力于通过建立完整的、文化响应及可持续的、公平的支持系统来提高所有学生的学习成绩。《2022—2023 年质量评估准则》提升了社会情感和学习成绩之间的相互联系，承认所有学习都发生在社会情感背景下，体现文化响应、可持续教育实践及对教学的影响。

该项标准有十项指标三大质量类别，即教学为核心、学校文化和提升系统。教学为核心包括课程、教学与评估；学校文化包括积极的学习环境、高期望；提升系统包括利用资源、目标和行动计划、教师支持和监督、教师团队和领导力发展及监测和评价系统。美国纽约学校教育质量评价的理念框架如图3-4 所示。

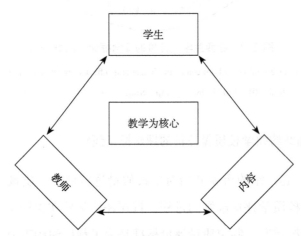

图 3-4 美国纽约学校教育质量评价的理念框架（2022—2023 年）

资料来源：NYC Department of Education，2022—2023 Quality Review Rubric[EB/OL].（2022-03-01）[2024-05-09]. https://infohub.nyced.org/.

二、学校督导评估指标的构成分析

大部分国家与地区都开发了学校督导评估指标体系，本节收集各个国家和地区官方网站上的最新督导评估框架❶，梳理分析英格兰、美国、澳大利亚、新西兰、法国、苏格兰、芬兰、日本学校督导或评价标准的指标构成，通过总结分析这些国家和地区共同特点可以发现，学校督导评估指标构成共同聚焦在四大领域，即学生成果、课程与教学、领导与管理和家校社合作。以下对这四个方面的指标进行综述及比较分析。

（一）学生成果指标分析

在所研究国家与地区中，学生成果指标主要包括公平对待、学生成绩、学生进步、非认知能力及学生为未来生活做好准备等。

公平对待。所有国家与地区都非常重视学校对学生的公平对待，即包容与平等，公平对待所有学习者。例如，美国教育部的学校评价标准有六大指标，其中一项为"英语学习者的进步程度"，以此保障特殊群体的学习公平性。法国表现为，学生获得支持与性别、家庭出身及是否特殊教育孩子等无关。

学生成绩。所有国家与地区的学校督导评估标准里都包括学生成绩。

学生进步。大部分国家与地区学校督导评估标准重视学生进步指标，部分国家则明确规定了评价学生成绩的进步幅度。例如，英格兰、美国、澳大利亚及苏格兰较早建立了学生学业成就及相关因素评价系统，具备了评价学生进步幅度的条件。芬兰则强调学校教育对学生成长与发展的长期影响。

非认知能力。大部分国家与地区学校督导评估标准都明确强调学生身心健康、学生福祉。英格兰还强调学生态度积极、有抗挫折的能力、自我肯定，

---

❶ 本部分所分析的学校督导指标主要来源：英国《Ofsted 督导评价框架》（2019 年），苏格兰《我们的学校有多好》（2015 年），新西兰《学校评价框架》（2016 年），美国优质教育评估认证组织学校认证评价项目（2018 年），澳大利亚《卓越学校框架》（2017 年），日本《学校评价指南》（2016 年）等。部分国家指标来源：程蓓 . 各国学校指标体系 [R]. 北京：中国教育科学研究院，2022.

以及学生多样兴趣爱好，适应力、自信心和独立性。法国重点强调学生的社交技能，而芬兰强调学生"学会学习""学会沟通"的能力。

为未来生活和就业做好准备。英格兰强调学习者为下一阶段的教育、就业或培训做好了准备。苏格兰强调提高创造力和就业能力，包括创造力技能、数字创新、数字素养、增加就业技能公平。美国还强调学生毕业率。不同国家和地区的学生结果指标如表 3-1 所示。

表 3-1　不同国家和地区的学生结果指标

国家与地区	指标	内容
英格兰	学生行为与态度	对学习者的行为有很高的期望；态度积极，有抗挫折的能力，自我肯定；学习者出勤率高；师生关系好，不容忍欺凌
	学生个性发展	发现自己的兴趣和才能；适应力、自信心和独立性，保持身心健康；学生为现代英国的生活做准备
	教育质量结果	学习者在整个课程中获得详细的知识和技能，从而取得好成绩。他们经常广泛阅读，阅读流畅，理解力强。学习者为下一阶段的教育、就业或培训做好了准备
苏格兰	确保福祉、平等和包容	幸福；履行法定职责；包容与平等
	提高造诣和成就	具备读写和计算能力；随着时间的推移取得的成就；学习者成绩的综合素质；公平对待所有学习者
	提高创造力和就业能力	创造力技能；数字创新；数字素养；增加就业技能
澳大利亚	学习文化	高期望；学习的过渡和连续性；学生出勤
	福祉	照顾学生；有计划的福祉方法；个人学习需求；行为
	学生成绩测量	增值；阅读、写作和计算能力；学生成长；针对教学大纲标准的内部和外部测量
	报告	学校报告；学生报告
法国	学生的学习成果及教学	教育成果、学生成果和公平性：学生特征（概况、成绩、培训重点）；学生成绩（期中、期末、社交技能、教育途径、学校证书）；公平性（学生获得的支持与性别、出身及是否特殊教育孩子等无关）

续表

国家与地区	指标	内容
芬兰	学校教育的效果	学生成绩；学生"学会学习"的能力；学生"学会沟通"的能力；学校教育对学生成长与发展的长期影响
美国	学生标准化考试分数，学生标准考试分数的进步，毕业率，出勤率，英语学习者的进步程度，学生是否参加高级课程	

（二）课程设置与教学指标分析

课程设置与教学指标主要包括课程与教学响应、差异化教学、循证教学、学生学习、教学监测与评价、课堂管理与氛围及家长参与教学实践等。

课程与教学响应。课程设置保障学生学习机会平等，课程设置是响应式的，能够满足学生未来生活所需知识与技能。例如，英格兰将其描述为，领导者承担或构建雄心勃勃的课程，旨在为所有学习者提供他们在生活中成功所需要的知识和文化资本。美国强调，学校课程提供公平有挑战性的学习经历，保证所有学生拥有足够机会，获得成功所需要的学习、思考和生活技能。新西兰则将其描述为，课程设计和制定应响应学生、家长和家庭的愿望，强调学生身份、家庭和社区知识、语言和文化都体现在课程资料和所制定的课程中；该课程与学习者的生活、先前的理解、校外经历和现实环境建立了联系；教学实践、文化响应和教学法是一致的。

差异化教学，满足个性需求。大部分国家与地区都强调差异化教学，但内涵不一样。英格兰强调，根据需要对教学进行回应和调整，而不应采用不必要的精心设计或差异化的方法。芬兰规定，教学安排要满足学生个体差异与多样化的需求。新西兰强调，教师使用差异化和多种教学策略来吸引学生，并确保表面、深度和概念学习的平衡。澳大利亚则强调，学校的教学和学习项目是根据学生的个人需求进行调整的，确保所有学生都受到挑战，所有调整都有助于提高学习水平。

循证教学。澳大利亚规定，整个学校的教学方法优化了最有效的循证教学方法，推进了所有学生的学习进度，涵盖了所有能力；教师采用循证有效的教学策略，识别、推广和模仿有效的学习方法，监控学生的学习进步，展示学生的成长过程。

学生学习。新西兰在学校评价标准里，不仅强调教师怎么教，而且非常重视学生怎么学，还规定了学生使用信息化方式学习。学生的学习是通过使用练习、开放的问题、解释、工作示例和积极的讨论而获取的，并通过提供适当的工具和资源促进学习；学生通过学科思考（如自然科学或历史）和跨学习领域的思考来发展学习能力；学生通过使用数字设备、信息和通信技术资源的方式，促进生产性思维、数字和技术使用的流利程度。

教学监测与评价。几乎所有国家与地区都重视教学监测与评价，保证学生达到国家规定成就水平。美国强调，学校监测并系统调整课程、教学和评价，对监测数据作出回应，而这些数据源于对学生学习的评估和教学实践；学校领导者监测并支持教师教学实践的改进，从而保证学生的成就。澳大利亚强调，对学生的学习和学习过程进行纵向监测，以确保持续的挑战和最大限度的学习；教学和学习计划是动态的，根据教学实践的反馈、一致和可靠的学生评估，以及对学生学业成就和进步幅度的持续跟踪，显示改进的证据。

课堂管理与氛围。英格兰提出，教师需要创造让学习者专注于学习的环境。澳大利亚强调，所有的教室和其他学习环境都在全校一致的方法中得到良好的管理；计划良好的教学正在进行，以便所有的学生都能进行有成效的学习，而不致受到干扰；教师示范并分享灵活的课堂管理策略，促进学生参与并对学习负责。法国提出，学校要营造包容的课堂教学氛围。

教学信息化。日本强调学校具备计算机教学等信息化技术。

家长参与教学实践。美国规定，学校通过有意义的方式让家庭参与到学生的教育中，并告知他们学生的学习进展。澳大利亚指出，教师让学生和家长参与支持学习的计划，并分享预期的结果。新西兰强调，教师通过家庭支持来促进学习成果的实现，教师、家长和家庭通过持续地相互交流，积极参与学生的学习过程，并为之作出贡献。法国规定，教学实践要与家长沟通，家长和学生参与学校的生活。不同国家和地区的课程设置与教学指标如表3-2所示。

表3-2　不同国家和地区的课程设置与教学指标

国家与地区	指标	内容
英格兰	课程设计	领导者承担或构建雄心勃勃的课程，旨在为所有学习者提供他们在生活中成功所需要的知识和文化资本
	教学	（1）教师清楚地展示主题，促进对他们所教授的主题进行适当的讨论 （2）根据需要对教学进行回应和调整，而不会采用不必要的精心设计或差异化的方法 （3）教学的目的是帮助学习者长期记住他们所学的内容，并将新知识整合成更大的概念 （4）教师和领导很好地利用了评估，例如帮助学习者流利地使用知识，或督导理解并反馈教学 （5）教师创造让学习者专注于学习的环境
苏格兰	课程	原理和设计；课程开发；学习途径；学习、生活、工作的技能
	教、学、评	学习和参与；教学质量；有效使用评估；计划、跟踪和监控
新西兰	课程广度和深度	课程的管理确保课程是连贯的，学生有足够的学习机会；课程的设计和制定响应学生、家长和家庭的愿望；课程的期望和标准是确保每个学生都在学习，并取得足够的进步
	有效的文化响应式教学法支持并促进学生的学习	（1）学生身份、家庭和社区知识、语言和文化都体现在课程材料和制定的课程中 （2）该课程与学习者的生活、先前的理解、校外经历和现实环境建立了联系

续表

国家与地区	指标	内容
新西兰	有效的文化响应式教学法支持并促进学生的学习	（3）毛利学生的教师文化能力可以在教师实践中观察到 （4）教学实践与文化响应和关系教学法是一致的 （5）教师使用差异化和多种教学策略来吸引学生，并确保表面、深度和概念学习的平衡 （6）教学实践，如提问，等待时间，提供应用机会，解决问题和发明，使学生参与学习和思考 （7）学生的学习是通过使用练习，如提示、开放的问题、解释、工作示例和积极的讨论，并通过提供适当的工具和资源 （8）学生通过学科思考（例如自然科学或历史）和跨学习领域的思考来发展学习－学习能力 （9）教师通过有意识地调整任务设计、教学活动和资源以及家庭支持来促进学习成果的实现 （10）学生通过使用数字设备、信息和通信技术资源的方式，促进生产性思维、数字化技术的流利程度
美国	学校课程、教学设计和评估实践指导，并保证教师效能	（1）学校课程提供公平有挑战性的学习经历，这些经历保证所有学生拥有足够机会发展，在下一阶段获得成功所需要的学习、思考和生活技能 （2）监控并系统调整课程、教学和评价，对监测数据做出回应，而这些数据源于对学生学习的评估和教学实践 （3）教师通过能够保证达到学习预期的教学策略使学生努力 （4）学校领导者监控并支持教师教学实践的改进，从而保证学生的成就 （5）教师参与合作性学习共同体来促进教学和学生学习 （6）教师执行学校的教学过程来帮助学生学习 （7）指导、辅导和入职培训的项目有利于教学的改进，与学校教育价值观和信念保持一致 （8）学校通过有意义的方式让家庭参与到学生的教育中，并告知他们学生的学习进展 （9）学校通过正式的人员结构，让每个学生在学校都被至少一位成年人熟知他们，帮助学生获得教育经验 （10）评分和报告基于明确的标准，这些标准代表学科知识与技能的获得，在各年级和学科间保持不变 （11）所有学校职工参与专业学习的持续项目 （12）学校提供、协调学习支持服务，来满足学生学习的特殊要求

续表

国家与地区	指标	内容
澳大利亚	课程	（1）课程提供：学校的课程设置支持对学生学习的高期望。在有用和可行的情况下，通过与其他学校或组织的学习联盟来加强课程 （2）教学计划：对学生的学习和学习过程进行纵向监控（例如 K-2；K-6；7-12）确保持续的挑战和最大限度的学习 （3）教学和学习计划是动态的，根据教学实践的反馈、一致和可靠的学生评估以及对学生进步和成就的持续跟踪，显示修订的证据 （4）差异性：有证据表明，学校的教学和学习项目是根据学生的个人需求进行调整的，确保所有学生都受到挑战，所有的调整都有助于提高学习水平。教师让学生和家长参与支持学习的计划，并分享预期的结果
澳大利亚	教	（1）课程计划：所有课程都是作为一个协调的项目的一部分进行系统规划的，并且是经过合作设计的。当需求出现时，需要进行调整和改变。课程规划参考学生信息，包括进度和成绩数据、课程要求和学生反馈，并为所有学生提供全面能力的持续改进 （2）明确的教学方法：整个学校的教学方法确保了最有效的循证教学方法优化了所有学生的学习进度，涵盖了所有能力。教师采用循证有效的教学策略。识别、推广和模仿有效的学习方法，监控学生的学习进步，展示成长 （3）反馈：教师定期与每个学生在课堂上和提交的作业上回顾学习，确保所有学生清楚地了解如何提高。学生的反馈是由教师引出的，并影响他们的教学。学生的错误和误解被明确地处理，直到教师和学生有信心 （4）课堂管理：所有的教室和其他学习环境都在一致的、全校的方法中得到良好的管理。计划良好的教学正在进行，以便所有的学生都能从事有成效的学习，而不致受到干扰。教师示范并分享灵活的课堂管理策略，促进学生参与和学习责任
法国	学校和教学组织	（1）学校组织（教学安排、教学方式以及教师间的合作） （2）教学实践（学校优先事项、工作协作、与家长沟通） （3）教育路径（开展艺术和文化教育、可持续发展教育等） （4）外部利益相关者（干预方法、与教学项目的衔接和影响） （5）与课外活动的联系以及对学生学习和技能的可能影响 （6）学生学习活动的参与度（是否提供足够的资源和支持） （7）家长和学生参与学校的生活、使用数字技术为学生学习提供服务、对学生提供数字技术培训

续表

国家与地区	指标	内容
法国	支持学生个性化学习	（1）课程的进展和支持（根据大学预设研究方向开设特定课程，可灵活延长或缩短课程周期） （2）帮助学生制定个性化教育方案 （3）学校提供包容的氛围
日本	课程编制与管理	（1）教育课程的编制与学科指导计划实施情况 （2）学科教学指导体制的建立与课时数 （3）体验学习与学校例行活动管理与实施情况 （4）图书馆的有效利用与读书活动推进情况 （5）课外活动的管理与实施情况 （6）学生学力调查及结果 （7）学生运动体力状况调查及结果 （8）学业成就评价 （9）学生成长情况 （10）不同视角的评价与评定
	学科教学与指导	（1）教师掌握讲解板书提问等教学方法情况 （2）视听教材与教学仪器及教材教具使用情况 （3）学生自主、自发性学习情况 （4）个别指导、活动指导以及个性化指导的开展情况 （5）计算机教学等信息化程度 （6）利用当地资源开发校本教材课程情况
芬兰	课程	（1）学校课程设置 （2）学校课程与教学的及时更新能力
	学校教学安排	（1）学校教学安排落实国家课程标准的情况 （2）教学安排满足学生个体差异与多样化的程度 （3）教学方法的合理性与创新性

（三）领导力与管理指标分析

领导力与管理指标项主要包括领导愿景、学校规划、教学领导、教职工领导、学生学习机会和身心发展、学校文化氛围、自我评价与内部质量监控、社区领导力与资源管理等。

　　领导愿景。在学校评价指标里，大部分国家与地区规定了学校领导愿景、价值观和办学目标。比如，英格兰规定，学校领导对向所有学生提供高质量、公平的教育有清晰的愿景目标，并通过坚定的、共同的价值观、政策和实践实现。新西兰提出，学校领导要获取学生、家长和家庭的观点和愿望，并将其纳入学校的愿景、价值观、目标和意图。

　　学校规划。澳大利亚规定，学校采用研究、实证策略和创新思维来设计和实施学校规划，成功地提供了可持续的、可衡量的学生学业成就和学生进步的证据。

　　教学领导。新西兰非常强调管理者的教学领导力，规定领导团队确保将社区和文化资源整合到学校课程中；领导团队积极地让学生和家长参与课程开发、实施和评估；领导团队确保学校教学计划的结构，使所有学生拥有最大化学习机会并达到或超过适当标准。澳大利亚则规定，领导团队保持对分布式教学领导的关注，维持有效的、基于证据的教学和持续改进的文化，使每个学生都取得可衡量的学习进展，减少学生成绩的差距。

　　教职工领导。大部分国家与地区提出领导团队促进和参与教师学习和发展，以提升教职工教学实践与应用能力、协作能力、领导力等。英格兰重视提升教师教学实践应用能力，即领导要注重提高教职员工的学科、教学方法及教学内容知识，加强教学课程应用和评估；随着时间推移，需要逐步提高教职员工的实践和学科知识。苏格兰重视员工身心健康和精神生活，即学校须建立和维持一支专业的员工队伍，支持员工身心健康和精神发展。新西兰则强调教师专业学习、协作关系及领导力培养，规定教师专业学习与发展是集中的、深入的，而不是零散的、浅薄的；领导团队需要培养教师具备领导力，提升教学水平；加强和保持重点专业学习和协作活动，提升教学水平。澳大利亚强调，领导团队建立专业的学习社区，专注于持续改进教与学；领导团队安排好教学和非教学人员，充分利用现有的专业知识，以满足学生的需求；领导团队使用数据来评估管理过程的有效性，并创建一种共享责任的文化，以实现组织的最佳实践。

学生学习机会和身心发展。英格兰规定，领导者的目标是确保所有的学习者完成他们的学习计划，并为员工提供支持，使之成为可能。新西兰强调，领导力为学生提供多种机会，学生应对教师教学质量及其自身学习和身心健康发展状况提供反馈；领导确保政策和实践促进学生身心健康，对自己的身份、语言和文化有信心，并积极参与学习。

学校文化和氛围。领导者须创建公平、高绩效、响应的管理文化。英格兰强调，领导者应确定可能需要早期帮助的学生，或有被忽视、虐待的学生；保障学生安全。美国指出，教职员工培养需要与学校宗旨和方向一致的文化。澳大利亚提出，学校展示了高绩效文化，明确关注学生的进步和成就，并提供高质量的服务；学校被家长和学生公认表现优秀且积极响应，最佳实践嵌入高期望文化，并有效地解决学校的公平问题。

学校自我评价与内部质量监控。领导者对学校发展进行自我监督、评估和咨询，实现可持续发展。苏格兰规定，学校有自我评价的协作方法，运用信息、数据进行分析和评估，确保对学习者的成功和成就产生影响。新西兰规定，领导者为有效的评估、询问和知识建设创造条件，从而提升质量；领导者为学校表现提供准确、可信的评价，并建设性地参与督导评估；领导者促进使用内部和督导评估结果提升办学质量。美国强调，学校领导和员工的监督评估过程能促进专业实践发展，促使学生获得成功。澳大利亚规定，学校系统地、定期地监测一系列指标，衡量其计划的影响，并告知实施的变化，以支持其最终成功。

资源管理。苏格兰规定，学校资源管理为学习财务管理学习资源与环境的管理。日本提出财务管理、安全管理、人事管理、信息管理，还重视学生健康管理、学校设施设备管理等。芬兰注重学校教育资源使用管理，以促进学校教育的效率，包括国家教育系统的总体经济性，学校规模和结构布局的合理性，教育资源配置与支出结构，教育服务的供给与产出，教育资源的使用效率，财政资助体系的功能发挥情况等。不同国家和地区的领导力与管理指标如表 3-3 所示。

表 3-3　不同国家和地区的领导力与管理指标

国家与地区	指标	内容
英格兰	领导力与管理	（1）领导人对向所有人提供高质量、公平的教育和培训有着清晰而雄心勃勃的愿景；这是通过坚定的、共同的价值观、政策和实践实现的 （2）领导注重提高教职员的学科、教学及教学内容知识，以加强教学课程的适当运用和评估；随着时间的推移，员工的实践和学科知识逐渐建立和提高 （3）领导者的目标是确保所有的学习者完成学习计划；领导者员工提供支持，使之成为可能 （4）领导者与员工接触，意识到并考虑到领导者面临的主要压力；管理员工的方式，包括领导者的工作量，是现实和建设性的 （5）领导者保护他们的员工免受欺凌和骚扰 （6）负责治理的人了解领导者的角色，并有效地执行；领导者确保提供者有一个清晰的愿景和战略，并确保资源得到良好的管理
苏格兰	自我评价，自强不息	（1）自我评价的协作方法 （2）信息和数据的分析和评估 （3）确保对学习者的成功和成就产生影响
	学习的领导力	（1）参与专业学习 （2）对整个职业生涯专业学习的影响 （3）儿童和年轻人领导的学习
	变革的领导力	（1）建立与学校和社区有关的共同愿景、价值观和目标 （2）持续改进的教学计划 （3）实施改进和更新
	员工的领导与管理	（1）治理框架 （2）建立和维持一支专业的员工队伍 （3）员工福利和精神支持
	资源管理，促进公平	（1）学习财务管理 （2）学习资源与环境之管理

续表

国家与地区	指标	内容
新西兰	领导协作发展和追求学校公平，以及卓越的愿景、目标及意图	（1）找出学生、家长和家庭的观点和愿望，并将它们纳入学校的愿景、价值观、目标和意图 （2）设定并坚持不懈地追求少数目标和意图，这些目标和意图与那些有可能成绩不佳的学生的学习有关 （3）使用一系列来自评估、调查和知识建设活动的证据，以选择、发展和审查改进策略 （4）资源的分配（例如人员和时间）与学校的愿景、价值观、目标和意图明确一致 （5）缓冲和整合外部政策要求和倡议的方式，以支持实现学校的愿景、价值观、目标和意图
	领导能力确保了一个有序和支持性的环境，有利于学生的学习和福祉	（1）建立明确和一致的社会期望，旨在支持教学和学习 （2）确保有效和公平的管理程序到位并始终如一地应用 （3）能迅速有效地识别并解决冲突 （4）为学生建立支持他们学习和幸福的环境 （5）为学生提供了多种机会，让学生就其所接受的教学质量及其对学生学习和福祉的影响提供反馈 （6）确保政策和实践促进学生的福祉；对自己的身份、语言和文化有信心；积极参与学习
	领导确保有效的计划、协调和评估学校的课程与教学	（1）学校的课程是连贯的、包容的，文化响应，并与新西兰课程和毛利课程明确一致 （2）确保社区和文化资源被整合到学校课程的相关方面 （3）积极地让学生、家长和家庭参与课程的开发、实施和评估 （4）确保学校教学计划的结构，使所有学生有最大的机会学习并达到或超过适当的标准
	领导促进和参与教师的学习、发展	（1）确保学生学习需求、教师专业学习目标和教师评估和认证过程的一致性 （2）教师专业学习与发展是集中的、深入的，而不是零散的、浅薄的 （3）培养教师成为领导的能力，促进和支持教学和学习的改进 （4）组织架构、程序和做法加强和维持重点专业学习和协作活动，以改善教与学 （5）小组会议最大化使用学生学习的证据，以集体探究教学实践的有效性 （6）鉴别和发展内部专业知识，在适当的外部专业知识的支持下，确保改进目标的实现

续表

国家与地区	指标	内容
新西兰	建立集体能力，进行评估和询问，以实现持续改进	（1）建立了这样一种期望，即教师将通过参与对当前实践有效性的集体探究来学习如何改进他们的教学 （2）为有效的评估、询问和知识建设创造条件，为改进服务 （3）为学校的表现提供一个准确的、站得住脚的评价，并建设性地参与督导评估 （4）促进使用内部和督导评估的改进
	管理与领导	（1）理事会制定政策和措施，来保证学校的有效管理 （2）理事会对自己的运作负责，并保持高效运作 （3）理事会保证学校领导有自治权来达到成就与教学目标，并有效地管理日常经营 （4）员工培养一种与学校宗旨和方向一致的文化 （5）领导者使利益相关者有效参与学校管理，以实现学校的宗旨和方向 （6）学校领导和员工的监督评估过程能促进专业实践发展，促使学生获得成功
澳大利亚	教育领导力	（1）教学领导：领导团队保持对分布式教学领导的关注，以维持一种有效的、基于证据的教学和持续改进的文化，使每个学生都取得可衡量的学习进展，学生成绩的差距减小 （2）高期望的文化：领导团队建立专业的学习社区，专注于持续改进教与学 （3）绩效管理与发展：学校展示了高绩效文化，明确关注学生的进步和成就，并提供高服务质量。所有的学生都由优秀的教师授课，领导团队支持通过教师认证过程来承认这一点 （4）社区参与：这所学校被其社区认为是优秀的和积极响应的，因为它使用最佳实践嵌入了一种高期望的文化，并有效地满足了学校的公平问题
	学校计划、执行及报告	（1）持续改进：学校因其对学习进步的影响、有效的实践和持续改进，以及积极支持其他学校的改进而被公认为领导者 （2）学校的计划：学校采用研究、实证策略和创新思维来设计和实施学校计划，成功地提供了持续的、可衡量的学生进步和成就的改善 （3）年度报告：学校系统地、定期地监测一系列指标，以衡量其计划的影响，并告知实施的变化，以支持其最终的成功。年度报告包含的数据衡量了该计划对学生学习进度的影响

续表

国家与地区	指标	内容
澳大利亚	学校资源	（1）人员分配：领导团队分配教学和非教学人员，充分利用现有的专业知识，以满足学生的需求。领导团队使用数据来评估管理过程的有效性，并创建一种共享责任的文化，以实现组织的最佳实践 （2）设施：在学校设计和设置的限制下，领导团队采用了一种创造性的方法来使用物理环境，以确保优化学习 （3）技术：支持学习的技术是可用的，并由教师熟练地集成到课程中。行政人员是现有技术和系统的专家用户 （4）社区使用设施：学校与当地社区在适当的情况下就学校资产和资源的决策和获取进行合作，为学校和社区带来利益 （5）财务管理：长期财务规划与学校规划和实施过程相结合，以解决学校的战略优先事项，并满足确定的改善目标

（四）家校社合作指标分析

在大部分国家与地区，家校社合作指标主要体现为学校领导对社区的领导力，规定领导者除了在学校社区的各个层面建立信任的关系和有效合作，还要对家校社合作成效进行监测与评价。

英格兰提出，领导者要有效地与学习者及其社区中的其他人互动，包括（在相关情况下）父母、护理人员、雇主和当地服务机构。苏格兰强调，领导者建立学校和社区的共同愿景、价值观和目标，持续改进的战略计划，实施改进和变革。新西兰指出，领导者积极地让学生、家长和社区参与互惠和合作的学习为中心的关系中；领导者与学生、家长和社区建立信任；领导者与其他教育机构和社区机构建立牢固的、以教育为重点的关系，以增加学生学习和成功的机会。

美国提出，领导者使利益相关者有效参与学校管理，以实现学校的办学宗旨。澳大利亚提出，学校与当地社区在适当的情况下就学校资产、资源的决策和获取进行合作，为学校和社区带来利益；学校评估其行政系统和流程，确保为学校社区带来预期的好处，并在需要时做出改变；管理实践和过程须响应学校社区的反馈；领导团队开展学校社区（家长和学生）的满意度调查，并与社区分享其分析和响应调查结果的行动。法国还专门对家长参与学校活动进行评估，包括参与的数量、频率和深度，与家庭分享国家价值观教育及学校的发展目标；对于家长的合作氛围进行定期评估。除了家校关系，法国还注重考评学校与其他部门的合作及国际合作，包括与合作伙伴共同制定合作方案、合作关系的运作、合作关系对学生和学校发展的影响。不同国家和地区的家校社使用指标如表 3-4 所示。

表 3-4 不同国家和地区的家校社合作指标

国家与地区	指标	内容
英格兰	领导力与管理	领导者有效地与学习者及其社区中的其他人互动，包括（在相关情况下）父母、监护人员、雇主和当地服务机构
苏格兰	家庭学习	让家庭参与学习；早期干预和预防；家庭学习方案的质量
新西兰	学校和社区是相互的、以学习为中心的关系	欢迎家长、家庭和社区作为受尊重和宝贵的学习伙伴参与学校活动
	沟通支持并加强互惠的、以学习为中心的关系	领导者和教师采取以优势为基础的方法，认识和肯定家长、家庭和社区的不同身份、语言和文化，并积极促成参与和合作
	通过提供有关的学习机会、资源和支援，积极推动学生在家学习	领导和教师积极参与家庭和社区活动
	社区合作丰富了学生成为有自信、善沟通、积极参与、终身学习者的机会	家长、家庭和社区参与学校活动，并在各种富有成效的角色中为决策作出建设性贡献
法国	与国内主管部门及其服务部门间的关系	与学术主管部门和服务部门的沟通

续表

国家与地区	指标	内容
法国	家校合作	家长参与活动的程度（数量、频率、深度）；家长在学校理事会中的地位（参与决策、对学校项目作出贡献等）；与家庭分享国家价值观教育及学校发展目标；对家长合作氛围进行定期评估
	与其他部门的合作以及国际合作	与合作伙伴共同制定合作方案；合作关系的运作；合作关系对学生和学校发展的影响

第四章　学校督导评估的方式及创新

从世界各国看，常见的学校督导评估模式为全面督导、周期性督导、按比例督导、差异化督导和临时督导等。我国也有类似督导模式，通常称为综合督导、专项督导、经常性督导和日常督导等。在督导实践中，这些督导模式不是孤立进行的，往往是多种模式并行。伴随教育事业发展，学校督导评估模式也在不同程度上有所创新，如出现了风险督导、发展性督导、奖励式督导和深潜式教学督导等。

第一节　常见的学校督导评估方式

一、全面督导与差异化督导平行

全面、周期性督导指的是督导人员对学校进行全面周期性督导，对特别薄弱的学校进行差异化督导或按比例督导，以促进教育质量的提高。[1] 差异化督导也叫基于风险的督导。差异化督导或按比例督导一般是针对潜在的薄弱学校，根据风险程度，有的放矢地开展督导，以此提高教育督导的效能。此外，由于学校规模扩大和专业性增强，当督导人员可利用自评结果确定督导访问目标和潜在提升领域时，允许进行差异化督导。

---

[1] OECD. Synergies for better learning: an international perspectives on evaluation and assessment [R]. Paris: OECD Publish, 2013.

丹麦、爱尔兰、荷兰、瑞典和英国近年来都引入了基于风险的督导方法。该方法将督导人员的工作重点放在未达到预期标准的学校，如丹麦、爱尔兰、荷兰和英格兰；或作为不同类型督导的选项，如瑞典和北爱尔兰。这种办法既能关照预算方面，又可以在最需要集中关注的地方使用督导资源。此外，按比例督导强化了外部评价的作用，作为旨在发现系统弱点的过程，可能会产生使优秀实践看不见的潜在的负面效应。学界还需要对基于风险的督导方法及其影响进行更深层次的研究。

有的国家同时使用周期性督导与差异化督导这两种类型的督导评估方式。例如，荷兰使用预警分析安排对可能不合格的学校进行督导，同时对既定关注领域或国家目标进行周期性评估，每所学校每四年接受至少一次督导。同样，英国教育标准局定期督导所有学校，一般40%的学校被评为满意，而不合格的学校全部继续接受监督督导。瑞典实行常规督导，基本每隔4~5年对所有学校督导一次，而被评估为薄弱的学校则接受更细致的拓展督导。根据全国统考成绩和历次督学观摩结果，学生、家长和教师投诉情况及问卷调查结果等，决定对督导学校进行"扩面"。瑞典的新政策方向也意味着从常规的周期性督导向差异化督导转变。

二、系统督导与专项督导相结合

有的国家开发国家教育体系督导评估框架，开展年度督导并分析结果，在此基础上，参照学校督导和专项督导结果，结合本国考试成绩的监测评估结果及国际测评结果，撰写国家教育督导评估报告，呈现国家整体教育现状及发展趋势、存在问题及对策。例如，加拿大、新西兰等国开发了国家教育督导框架，制定教育指标，督导全国整体教育绩效、政策执行和实践情况，监测教育发展趋势，撰写督导评估报告。

大部分国家对政府重点关注的热点和难点问题组织专项督导（The Matic Inspection），保障政府基于事实制定教育政策。专项督导不是针对整个学校，而是面向某个领域、主题或教育制度的某些方面。专项督导常用方法为抽取样本学校，通过问卷调查、观察、访谈座谈、资料收集等调查方式开展督导。样本学校通常还能收到有关本校调查结果的反馈。专项督导结果以专项督导报告或其他形式发布，用于教育专业人士、决策者、政治家和媒体讨论交流，还有的国家用于撰写国家教育体系督导报告。

瑞典、英格兰、爱尔兰、荷兰和捷克的督导人员也经常对学校进行专项督导。例如，某个学科领域教学或学校信息通信技术的使用情况，通常在常规周期的学校督导中增加这些督导。瑞典甚至采用不同督导小组和程序来执行该类型的学校督导。专项督导安排在选定的学校，或额外收集定期督导走访的资料。督导结果将下发至各校，同时还将公布汇总主要督导结果的综合报告。

三、周期性督导与临时性督导相结合

大部分国家的教育督导机构只对学校进行全面性、周期性的评估。例如，爱尔兰一般五年督导一次。然而，爱尔兰最近引入了临时性督导（Incidental Inspections），即不打招呼或临时通知进行督导。有人认为这一新类别可能有助于薄弱学校发展。英国教育标准局也有类似督导方式。

现实中，较多国家根据自身传统、职能定位、现实需求及工作效率，综合使用多种督导方式。例如，爱尔兰教育督导局在模式设计上，表现出多样化、精细化的特点。从时长和强度上划分，表现为短期未通知的督导、中等规模的督导、学校整体的督导及后续追踪的督导四种样态。在教育阶段上，根据评估的重点、类型存在一定的差异（见表 4-1），教育督导局开发出一套全方位的教育督导模式，从而使督导更加适应现实需求。运用这些模式，有助于中小学学校督导参与获得合理而规范的基础，满足多样性的意图。❶

表 4-1　督导与监测的模式（2016 年至今）

时长 / 强度	小学阶段	中学阶段
短期的、未通知的督导与监测（1 个工作日）	偶然性的督导与监测	偶然性的督导与监测
中等规模的督导，涵盖学校工作的某一方面（通常 1~2 个工作日）	课程评估	科目督导与监测
	为有特殊教育需求学生提供服务的督导与监测	特殊教育科目的督导与监测
		项目计划的督导与监测（初级证书、毕业证书、职业性毕业证书计划等）
学校整体督导（通常 2~3 个工作日）	学校整体评估——管理、领导力和学习	学校对整体评估——管理、领导力和学习
	学校整体评估	学校整体评估
	为了学校平等机会改进的行动规划评估	为了学校平等机会改进的行动规划评估
		教育中心的评估
		高支持单位、特殊看护和儿童求助中心的督导与监测
后续追踪的督导（通常 1~2 个工作日）	后续追踪的督导与监测	后续追踪的督导与监测

资料来源：李凯. 爱尔兰基础教育质量督导研究 [J]. 全球教育展望，2020，49（6）：66-80.

---

❶ Department of Education and Skills, Ireland（DES）. A co-professional approach to inspection for accountability improvement [EB/OL].（2017-01-27）[2018-01-13]. https://www.education.ie/en/Publications/Inspection-Reports Publications/Evaluation-Reports-Guidelines/A-Co-professional-Approach-to-Inspection-for-AccountabilityImprovement.

除上述常规督导类型外，针对较多国家逐步采用风险督导方式的情况，第二节将对这类督导方式进行详细介绍。还有发展性督导、奖励式督导等几种特色督导模式可供借鉴，第三节、第四节会有详细说明。

第二节　学校督导评估方式的创新

一、学校风险督导方式

（一）学校风险督导概述

风险分析起源于概率论，可定义为系统地使用已有的信息，以确定特定事件可能发生的频率及后果的严重程度。其他传统研究中有很多这类的风险分析，多用于项目管理中确定安全风险。在风险分析中，可以把风险定义为在特定条件下某种不利影响发生的概率。因此，定义不良影响是风险分析中至关重要的第一步，通常被视为价值判断。在风险研究中，死亡、疾病、核电厂故障和投资损失是众所周知的例子。

风险管理是通过识别、分析风险发生的可能性大小和后果严重程度评估风险等级，决定需要处置哪些风险及如何处置。在其他部门，基于风险的督导很常见，是一种成本效益更高的督导任务执行方法，也是一种确保督导制度更加主动和积极的做法。❶学校存在的风险可以表现为教学质量不过关、学校治理存在风险等潜在的问题和危险状况。风险督导首先利用学生标准化考试成绩等表明学校教育质量不高可能存在风险的信息，对所有学校进行预警分析。无风险学校不安排督导，而存在风险的学校则接受额外的督导和干预。基于学校

---

❶ POWER M. The audit society: rituals of verification [M]. Oxford: Oxford University Press, 1999.

风险督导旨在发现可能表现不佳的学校并增加督导活动，同时减少对表现良好的学校的督导活动，以此提高学校督导的有效性。

近几年，把风险作为学校督导的起点变得越来越普遍。这反映了政治和经济形势。特别是在经济不景气的情形下，更需要督导采用更有选择性、针对性的方法来提高工作效率。在过去的几年中，欧洲其他国家也制定了更有针对性的方法，国家和地区教育督导机构常设国际会议，甚至将督导的敏捷性和关注风险的需求描述为整个欧洲学校督导发展的最重要趋势之一。比如，在英国风险督导中，教育标准局调整了督导的频率，好学校督导周期为三年，亟待需要改进或不足学校将会被更频繁地访问。❶

爱伦等人指出，在当前教育发展的大背景下，学校自主性和横向问责性质决定了学校不需要过于繁重的督导制度。❷ 因此，基于风险的学校督导具有其合理性，该项制度还允许督导机构快速干预失败学校。基于风险的模型使督导人员能够使用年度预警锁定可能失败的学校，并安排督导人员密集监测这些学校。

也有不少学者批评风险督导。在基于风险的督导中，紧盯学生成绩，很难做到实际意义上的提前预警，从而很难防范学校质量失败。❸ 正如这些作者所指出，将学生成绩作为主要风险指标识别失败学校是有误的。因为学生成绩低下应归因于这些学校的教学不足、领导不力，而不是其他。为了防止失败，需要在学生成绩低于平均水平之前识别学校并给予警告。因此，也应该包括其

---

❶ GRAY A. Supporting school improvement: the role of inspectorates across Europe [R]. Brussels：SICI，2014.

❷ EHREN M C M，HONINGH M. Risk-based school inspections in the Netherlands：a critical reflection on intended effects and causal mechanisms [J]. Studies in Educational Evaluation（special issue），2011，37（4）：239–248.

❸ 同❷.

他的指标（如学校内部质量控制和自我评价），以此确定教育质量的潜在弱点、教育过程质量或其他失败的原因。

（二）学校风险督导的运作模式

1. 荷兰学校风险督导模式

荷兰教育督导局在 2008 年发展和使用基于风险的督导模式。学校全面督导的最新修正模式为按比例（Proportionality）督导和基于风险督导（Risk-based Inspection）。荷兰主要实施"基于风险督导"的制度，督导周期从风险分析开始。教育督导局基于学校董事会的年度问责报告、学生成绩、学校教育质量潜在不足的迹象三大风险要素，以及教育督导框架对学校质量进行风险分析和监测，对存在问题前兆（Failure Signals）的学校进行定制督导（Tailored Inspection），对未发现明显问题的学校，每四年仅进行一次基本督导（Basic Inspection）。❶ 三大风险要素分别如下。

（1）要素 1：信号信息。教育督导局在其风险分析中使用各种信号信息，即有关学校可能发生导致教育质量即将恶化的信息。收集信号信息，具体包括学生、家长、教师和其他利益相关者的投诉，报纸或互联网上的文章和专题督导结果。收集信号信息的优势在于它比学生成绩和年度问责报告更新更快。信号信息还使督导人员更好地了解学生、家长和新闻界所感受到的风险。督导机构使用自动化风险注册，还从新闻机构、学生组织和其他渠道获取信息。

（2）要素 2：年度报告。从 2008 年开始，学校董事会必须按要求在规定时间内给教育督导局提供一份包括财务状况、学校质量与学生成绩的年度报

---

❶ 武向荣．荷兰学校督导评估改革特征与趋势 [J]．外国中小学教育，2018（9）：38-44．

告，反映员工流失率、学生人数和学校的财务能力等。教育督导局对这些报告进行分析，并得出关于学校风险的结论。

（3）要素3：学生成绩。学生在国家标准化考试中的成绩是分析的主要指标。教育督导局每年都会收集所有学校的学生信息，三年所有科目的全国考试学生的平均成绩结果，并根据学生的社会经济背景进行校正。约80%的信息由第三方考试机构提供，其余部分通过学校收集。教育督导局通过分析学生成绩计算每个学校的风险水平。考试成绩越低，计算出的风险水平越高。

教育督导局依据以上三个要素，每年至少对所有学校进行一次风险分析。教育督导局随时收集信息，一旦发现紧急信号，就要立即采取督导行动。

风险评估过程如下（图4-1）。

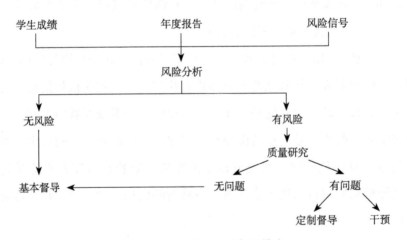

图4-1 荷兰基于风险督导模式

资料来源：TIMMERMANS，DE WOLF，BOSKER & DOOLAARD. Risk-based educational accountability in Dutch primary education [J]. Educational Assessment, Evaluation and Accountability, 2015（27）：4.

第一阶段：主要检测。在这个阶段，教育督导局主要监控三个要素——信号信息、问责报告和学生成绩。督导人员收集信息，计算风险水平，并提供有关风险等级的详细信息。如无风险，则将不对学校采取进一步行动。

在当前使用的风险分析模型中，应用了"交通信号灯"原理。在风险检测的第一阶段，将产生三种可能结果：学校没有质量不合格风险（绿色）、学校有质量不合格的潜在风险（橙色）和学校有很高的质量不合格风险（红色）。如果没有发现风险，对学校仅采取"基本督导"即可。如果在任何一个要素中发现了风险，将会启动专家分析。

第二阶段：专家分析。督导人员结合教育督导局"组织记忆"和学校公开信息（如学校网站），使用风险分析的信息，进一步深入调查研究有潜在风险的学校。经过研究，如果督导人员发现该校没有风险，则开展基本督导；如果有风险，则实施定期督导。定制督导是风险督导制度的核心。

第三阶段：学校督导。实施督导前，督导人员通常会与学校董事会取得联系以展开进一步调查。督导人员首先约谈学校董事会，确定董事会是否意识到本校可能出现的问题，以及董事会是否能够解决该问题。在大多数情况下，督导人员决定对学校进行质量督导，重点关注可能存在风险的质量要素。通常一个月前公布督导时间。

督导结束后，督导人员撰写督导报告，并在报告中描述调查结果，确定教育质量中存在的问题或不符合法律要求的地方。如果质量报告明确指出学校教育质量不足，则该校随后需要进行质量改进。在这方面，《国际劳工组织法》第十一条规定："如果督导机构研究结果（指对质量进行研究）表明学校质量不足，学校应当在督导人员所规定的时期之内开展研究并提升质量。"改进时期取决于问题严重程度，但一般不得超过两年。在特殊情况下，督导人员还可开展临时进度督导。

督导的最终目标是提高教育质量。在干预阶段，学校必须采取行动，解决问题，教育督导局将监督质量提高的进程。如学校仍没有改善，教育督导局可通过进一步监督或可能的制裁施加压力。当所有相关问题都解决了，学校随后将接受基本督导。

为了更清楚地描述学校风险督导的运作模式，下面以橙色和红色信号为案例进行深入分析。

督导人员将学校的案头调查列为橙色类别，这些学校被要求提交中级年级学生的阅读和数学成绩。督导团还分析了学校的其他文件，如年度报告等。如果研究显示没有风险的迹象，学校将被重新分配到绿色类别。然而，如果学生在最后一年级的成绩低于平均水平或正在下降，学校董事会将会收到非正式的警告。教育督导局会安排与校董事会的面谈，指出案头调查发现的潜在风险。访谈中将会讨论潜在的风险，以及学校董事会处理和解决这些风险的能力。如果这次面谈不能向教育督导人员提供充分的信息，或者如果学校董事会处理风险的能力被评估为不足，计划就会对可能失败的学校进行一次追加督导，进行全面教育质量督导评价，并给以等级判定。

督导人员将学校的案头研究列为红色类别，与橙色类别的学校的案头研究相类似。被划为红色类别的学校董事会也将接受面谈，并对学校进行全面的教育质量评价。被评价为"不满意"或"非常薄弱"的学校也将接受追加督导。督导人员要求学校董事会制定一项旨在提高质量的方法计划。督导人员对计划进行测试，并在督导计划中制定执行情况协定。该计划规定了什么时候质量应该再次达到标准，以及学校必须达到什么结果。它还规定了督导人员将在临时督导中评估的指标。学校董事会必须承诺执行督导计划。在两年内没有改善的不合格学校最终会被强加为落后的学校。这些学校面临着更多被追加的督导活动，例如学校董事会与督导管理层之间的会议或正式警告。如果这些活动不能产生商定的结果，督导人员将向部长报告该类学校，并提出实施制裁的建议。根据这份报告，部长可以着手实施行政或财政制裁。

2. 英国公办好学校的风险督导评估方法

英国教育标准局认为，使用风险评估能够确保督导力量集中在那些可带来最大效益的领域。风险评估模型有助于识别已被评为良好等级但在下次督导中可能下降的学校。风险增大的学校被进一步监管的可能性较大。需要注意的是，英国教育标准局认为，风险评估并非用于预测督导结果。教育标准局在《国家公办好学校的风险评估方法》中，对风险评估流程进行了说明，❶详细内容如下。

风险评估有两个阶段：第一阶段，以学校的办学水平表现和背景资料分析为基础，考核各校的办学水平。第二阶段，涉及更深入的"案头"审查，可供选择的信息也更广泛。女王高级督学在该阶段对可能的督导活动进行审查，以确保运用最适合的督导类型。

（1）第一阶段：分析学校数据。教育标准局用"监督式机器学习"的方法，预测下一次监督时好学校会降到"不那么好"的概率。机器学习（Machine Learning）是一种让计算机在没有明确编程的情况下做出决策的方法。常见的一种应用是把物品分成两组以上。在典型的机器学习应用中，有一个"训练数据"的大型数据库，我们已经知道这些项目属于哪个组。训练机器学习模型以区分未知的项目。例如，通过给用户标记为垃圾邮件和非垃圾邮件，可以训练一个"垃圾邮件"过滤器，算法会计算出其中的差异。

教育标准局为了开发机器学习模型，使用包含上一学年督导结果的训

---

❶ OFSTED. Risk assessment methodology for good state-funded schools [EB/OL]. （2021-11-02）[2024-01-05]. www.gov.uk.

练数据集。然后，模型对上一年度已知督导结果进行追溯预测，对与学校特点相关的数据进行分析。培训资料集中的数据来源包括学校背景数据、学生学业表现数据、学校劳工普查数据。机器学习模型在训练数据中"学习"，创建一系列决策树，将一些学校划分为更容易降到"不那么好"的学校类型，以及保持良好或晋升为优秀的学校类型。随后，该模型以包括与训练数据不同时间段在内的测试数据为基础进行测试，以确保其对督导结果预测的有效性。

一旦该模型得到训练，最新的学校表现和背景数据就会被应用到风险分数的创建中，估算在接下来的督导中学校下滑的可能性。得出取值范围在 0~1 的原始风险分数。需要说明的是，只在第一阶段的风险评估过程中使用风险模型，在最终确定选择之前，高级女王督学都是从这一阶段开始进行评估的。风险模型评分不影响督导结果判断，只对优秀和良好等级中小学进行第一阶段风险评估。风险评估第一阶段不包括 11 人以下的学校。

（2）第二阶段：案头调查或文案调查。各地区的高级女王督学会审查第一阶段风险评估过程中所提供的资料。他们也会考虑教育标准局自上次常规督导以来到最终确定评审结果之前，所进行的任何一项督导工作的结果。比如，家长投诉学校资质合格情况、法定警示公告，包括异常频繁的学生活动细节在内的包装的数据，以及有无值得关注的其他重大事项。风险评估结果不用于预测督导结果，仅作为下一阶段督导工作的依据。

二、学校发展性督导方式

（一）学校发展性督导的概述

传统意义的督导是以教育督导机构为主体，与学校形成督导与被督导、评价与被评价的对立关系。与传统督导不同，发展性督导多以学校为主体，强调平等对话与协商，形成一定程度的"原则"妥协；在学校督导过程中，强调发展性、多元主体、对话协商等特点。学校发展性督导指标涉及对预期目标与进展程度进行比较，以及对实施程序、手段方法合理性的评定、反思和调整等。[1] 学校发展性督导不仅重视学校发展的结果，更重视发展和变化的过程，使发展变化情况成为评价的重要内容，找出差距，激发内部活力，达到改进工作、促进发展的目的。[2] 该项评价鼓励和支持学校结合本地本校实际，办出特色、办出水平，致力于把中小学校引向更具实质意义的教育价值创新中去。

第一，在督导评估过程中，督导人员与学校合作共建。教育督导评估作为实现国家教育意志的一种保障，其激励功能、导向功能、诊断功能和调节功能，需要在教育督导评估实施中始终根据学校自身的发展规律，与学校合作共建发挥出来。张会杰认为，"发展性督导评估"的具体含义为，发展性督导评估是多元的评估主体以学校自身发展和学校教育活动为评估对象，对教育对象及学校教育事业发展的目标、实现进程、实现策略和实现方法进行建设性评估。刘洁认为，学校发展性督导评估的方法可通过帮助学校总结办学经验、根据社会需求的变化来调整学校的发展目标和诊断学校发展的问题，不断完善学校的发展机制和健全学校管理制度，提高学校自我评价、自我调控和自主完善的主体意识与能力，并最终能够达到增强学校自主化、个性化和可持续性发展能力这一根本目标，实现教育活动价值增值。[3]

[1] 张会杰. 新时代教育评价改革背景下学校发展性督导评价的实践价值：问责与改进 [J]. 中国考试，2021，356（12）：1-9.

[2] 教育部基础教育质量监测中心. 如何开展中小学督导评估 [M]. 北京：教育科学出版社，2015：16.

[3] 刘洁. 学校发展性督导评估及其机制的建立 [J]. 教学与管理，2017，709（24）：38-40.

第二，与学校在学校发展规划制定上达成共识。学校发展性督导有两个核心：一个核心为教育督导机构与学校在学校发展规划制定、实施和评价上达成的共识；另一个核心为随着发展性理念的持续，督导与被督导转变为平等协商，由重监督检查转向重指导服务。

第三，给学校提供支持服务。实施发展性督导的路径与支撑服务：一是强制性与自主性结合的学校发展规划主题。政府或教育督导机构指定学校规划主题，同时学校自选符合学校发展的主题，周期性更换主题。二是提供规划培训。有针对性地对制定规划的学校领导开展专题培训，重视对学校愿景的规划能力、实施能力、课程领导力、特色学校创建能力及依法办学的培训，明晰学校发展方向。三是组建以督导人员为主的专家团队，对学校规划及实施给予指导。以督导人员为主，形成专家团队，定期对学校规划制定给予指导和服务。四是建立国家、区域和学校的协作网络平台。国家、区域和学校共建学校督导与规划网络，提供各种信息文件、发展和评估工具以及学校和课堂发展顾问池，为基层学校发展提供丰富的信息资源和支持。

高臣还提出双螺旋结构督导模式，以基础教育学校发展规划为媒介，构建以教育督导机构与学校为主链的双螺旋结构模型。❶他认为，双链是相对独立的，同时学校发展规划的制定、审核、校本评价、中期考核、综合督导、各类专项督导、经常性督导、主题性督导和随机督导又构成了双链之间发生"能量"与"物质"交换的"碱基对"，学校与教育督导机构的关系及表征形成双螺旋结构特征。

❶ 高臣. 基于学校发展规划的双螺旋结构督导模式构建 [J]. 上海教育科研，2021，410（7）：33-37.

（二）学校发展性督导方式：以奥地利学校督导为例

自 20 世纪 90 年代后半期开始，奥地利引入学校质量管理系统的早期版本，其宗旨是支持学校的发展。[1]新的系统质量管理体系虽然可以建立在这些先驱的基础上，但其历史也可以追溯到 2001 年的 PISA 冲击。当时奥地利部分省份的学校管理寻求管理、质量控制与发展支持之间的新平衡。2005 年开始，部分省份引入新督导试点模式，导致各省份发展出现差异。因此，中央主管部门试图通过修改 2011 年的法律框架来遏制奥地利教育系统质量保证存在的问题。[2]中央为支持所有非职业学校实施新的质量管理战略，制定了《全国教育质量框架》，并于 2014 年启动了全国教育质量保障计划。该项教育质量保障计划重点在于促进学校发展，包括以下四个要素。

1. 要素 1：制定国家质量标准

2011 年，奥地利修改了国家法律框架，即联邦学校督导法，将"学校督导"更名为"质量管理"（Quality Management），明确了国家质量框架，以便于奥地利组织质量监测。框架由四个主要元素组成，表现为"学校质量定义与描述"，明确发展目标和评价标准；"规划与报告制度"，规定从中央行政管理部门到地方各级学校，都需要对其发展进行定期的规划与评估，每三年一次，视学校类型而定；学校系统各层次之间的"阶段性目标协议"，明确国家、地区和学校目标、措施和预期表现；国家机构有义务为学校治理、自我评价和所需支持提供工具。

《学校监管法案》（*Bundes-schul Aufsichts Gesetzes*，BSAG）修正案于 2012

---

[1] ALTRICHTER H, KEMETHOFER D. Does accountability pressure through school inspections promote school improvement? [J]. School Effectiveness and School Improvement, 2015, 26（1）: 32-56.

[2] BSAG amendment. Änderung des bundes-schulaufsichtsgesetzes. BGBl. I Nr. [EB/OL].（2011-05-28）[2012-04-13]. http://www.ris.bka.gv.at.

年 9 月 1 日生效。为了实施新的质量管理战略，教育部启动了一项全国性计划，即普通教育质量保障（Schulqualität Allgemeinbildung，SQA），该计划于 2013—2014 年实施，旨在为学校质量保障和发展提供规划、指导方针及实用工具。SQA 代表欣赏和尊重的态度，成功的文化与进取心，以及乐于反馈、自我反思并为自己的行为负责。❶

2. 要素 2：制定学校发展规划

SQA 第一个核心要素是发展规划。在官方理论中，它既是"教育规划、目标和结果为导向的工作工具"，又是推行问责制的中心工具。学校发展规划必须至少明确两个主题。第一个主题由教育部提出，具有全国性、强制性；2015—2016 年主题是"在包容性环境中进一步发展个性化和基于能力的教学"。第二个主题由各校按兴趣自选。SQA 规定了发展规划的最低标准，即规划针对每个主题，包括一些对当前状态、目标、指标和达成目标的措施的评估，专业发展计划，以及有关整个发展工作的流程、职责、架构等方面的资料。规划期为三年，每年更新一次，更新内容必须发给督导团。SQA 还将编制在地区、省和中央层面的发展规划，并在《国民教育报告》中进行总结。❷

3. 要素 3：目标协议对话

SQA 的第二个核心要素是结果和目标协议的对话（Bilanzund Zielvereinbarungs Gespräche，BZG），旨在"强化承诺"与"全国框架要求、地区需求和个人愿望之间平衡利益"。目标协议指向各级领导之间的关系，如学校领导与各地区督导人员之间的关系、省级总督学与各部门负责人之间的关系等。他们渴望在平等的伙伴式对话中实现"以对话为导向的领导力"。目标协议将就学校的发展进行讨论，并在必要的情况下对其进行修改，以商定今后的发展方向。

❶ RADNITZKY E. SQA—ein generationenprojekt [J]. Erziehung und Unterricht, 2015, 165（1–2）：8–11.

❷ BMBF [Bundesministerium für Bildung und Frauen]. Entwicklungsplan: Merkmale [EB/OL].（2015–10–02）[2023–10–06]. http://www.sqa.at.

4. 要素 4：为学校提供支持

SQA 也支持学校的质量评估，以支持学校的发展：专设电子网页，提供各类资讯档案、发展及评估工具，并提供学校及课堂教学发展顾问；举办督学、校长学习班；在国家层面也建立了协管员网络。校领导从教职员工中委派一名 SQA 的协管员。这个新角色的任务是为了接管质量开发过程的部分责任，以支援"校领导在学校现场执行 SQA"，并且通过减少教学工作或者增加 SQA 协管员的年度奖励来实现回报。

拉德尼茨基（Radnitzky）指出，官方文件强调的是"系统视角"和"所有层面的互动"。这就是该项计划的目标，比如让各个层面的人员都参与到开发计划的编写任务中来，并在目标协议中展开讨论。发展计划和目标协议是为了"结合各个层次和领域，以增加学校制度的承诺为目的"而制定的。阿尔特里克特（Altrichter）采访了一些联邦教育、科学和研究部门官员对学校质量保障改革的观点。❶ 访谈结果显示，对该部门官员而言，SQA 意味着一场"范式变革"，一场"文化变革"，只有在世代工程中才能付诸实施。他认为，SQA 的信息主要表现在以下三个方面。

第一，国家为教育系统的质量保证提供战略领导，并在全国范围实现了一致性。"中央治理未起到作用，直至新法出台。……如果没有共用或约束性的质保框架，事情将朝着不同的方向发展。""国家在这方面没有要求承诺。于是，地域传统和学校类型的区别就显现出来了。"❷ 因为上层什么都没有，省里的督导团队自己想办法解决。他们说："好吧，那我们自己组织起来！"国家通

---

❶ ALTRICHTER H. The short flourishing of an inspection system. // Baxter J. School inspectors: policy implementers, policy shapers in national policy contexts [M]. Cham: Springer International Publishing AG, 2018: 220–223.

❷ 同❶.

过 SQA 明确了在质量保证方面的立场，为系统质量发展提供战略领导，并促使各省统一方法。

第二，SQA 旨在通过规定的"第一发展主题"、发展计划和目标协议等工具，将"更强的责任感和承诺引入松散耦合的自上而下治理体系"。联邦教育、科学和研究部门的官员希望"激发学校将外部数据用于发展计划"，并使学校发展"比以前更系统化，目标导向、结果导向都更强"。

第三，SQA 支持"从上到下的哲学"转变为对话性更强的伙伴关系，支持主动发展的学校。第一步由学校来完成，然后轮到管理部门，这在联邦教育、科学和研究部门的代表们看来很重要。因此，它反对把学校放在一个被动的督导之下。这不是"自上而下的命令"，而是另一种方式，即"构建更大的操作空间和强化学校职责的谈判和协议文化"。

第四，避免 SQA 被质控机构的官僚所左右。SQA "绝对不能沦为文书报告系统"，必须是在学校真正变革中对学生产生正面影响的发展方案。"在一定程度上，两件事比在整个领域出现问题更好"，这也是只需要追求两个发展目标的理由。

（三）学校发展性督导方式：以韩国奖励式督导为例

奖励式督导的出现主要用于削减教育督导过强控制性给学校带来消极、被动的不利影响。奖学制度更加重视民主、协商。教育督导从过去的权威性、督导性转变为指导性、咨询性的活动。过去，教育督导人员被认为是威严的上司，是到下级教育机关与机构去监督和督导工作的。被督导对象容易认为督导人员是挑毛病的，从而产生消极的抵触情绪。相反，教育督导通过提供多种鼓励方式的奖励，激发校长、教师的积极性，并发挥重要的咨询与指导职能。

韩国基础教育均衡发展既促进了经济发展，也促进了政治民主化进程。

同时，政治民主化运动的发展又推动教育督导方式发生了深刻变化，逐渐从控制转向指导与咨询，主要从教育监督与教育奖学制度中得到体现。教育奖学制度是韩国教育督导制度的重要组成部分。所谓教育奖学，是指影响教师的教学行为，提供各种教育资料，开发、修订或补充教育课程，改善学习环境，进而提高学业成绩和学习效果的教育活动。韩国的奖学活动在《教育基本法》《初中等教育法》中有明确的法律规定，经过多年探索，实现了由监督、指导型的奖学制度向帮助、咨询的奖学制度转变。❶

按照相关法律的要求，所有的市道教育厅每年实施奖学计划。以2012—2013年首尔特别市教育厅的奖学计划为例来看韩国的奖学活动。

首尔特别市教育厅奖学计划的目的有以下三个：通过沟通与协力，提高学校运营的自律性与责任性；通过志愿学校现场中心的指导性奖学，强化学校力量；通过支援教育课程与改善教授学习方法，提高学习能力。在这些目的的指引下，首尔特别市教育厅主要开展自律奖学、指导性奖学和特别奖学三种奖学活动。

1. 激励导向督导

韩国的奖学制度出发点是激励，目的是改善学习环境和教育活动，进而提高学业成就、学习效果和教育质量。教育督导用种类繁多的鼓励式的奖学来提高教师质量和教育设施的完善和管理水平，使所属学校、教师等获得更多提高，使他们心甘情愿地投身教育事业，并使民族的整体素质得到迅速提高。

2. 奖学活动与学科教学、教师的发展密切相关

奖学活动类型丰富，有来自教育厅主导的外部奖学活动，包括综合教育奖学、责任教育奖学、选择教育奖学、确认教育奖学、聘请教育奖学、特别教育奖学、协作教育奖学、课程教育奖学、一般教育奖学、访问教育奖学和通信

---

❶ 苏君阳. 教育督导学 [M]. 北京：北京师范大学出版社，2012：56-68.

教育奖学，但更多的是学校内部、学校间开展的学校主导的奖学活动，包括教学奖学、同事奖学、自我奖学、日常奖学和自我培训等。地区合作的奖学模型有共同促进奖学计划、交流教育信息、共同参与教育研究，以及各种形式的合作教育组织和活动等。

3. 发挥咨询与指导职能

奖学制度的性质和职能实现了从监督、指导性的奖学制度向帮助、咨询性的奖学制度转变。奖学制度更加重视民主、协商。教育督导与教育奖学从过去的权威性、监督性变化为指导、咨询性的活动。咨询性奖学更多的是按教育主办者的要求而开展，强调学校自发地进行自律性的奖学。奖学活动强调学校的自发、主动，以学校发展为主。教育督导制度发生这样的变化，主要是为了激发学校的主动性，减少监控性的督导活动，以保障教育质量。

韩国以奖学活动为抓手的教育督导，促使教育督导职能发生了实质性转变。现在的教育督导人员是教育事业的合作者、志愿者和帮助者，成为基层教育机构的朋友与导师。督导人员帮助学校和教师解决困难，与教师共同研究如何贯彻教育法规与教育政策，如何实施新一轮课改计划，以及如何提高人才培养质量。因此，教育督导的职能也发生了变化，逐渐变成了通过上下协作、互相帮助去实现同一目标。❶

三、深潜式教学督导方式

（一）深潜式教学督导概述

教学督导作为教学质量的重要保障，是学校实现自我管理、自我约束、自我完善的基本教学管理制度。教学督导聚焦督教、督导人员和督管职责，是对

---

❶ 王璐.教育督导与评价制度研究 [M].北京：人民教育出版社，2018：15.

教、学、管等相关教学工作监督与指导的活动过程。叶澜提出"新基础教育实验教学评价框架"，评价定位于"教与学的互动生成"，基于学生立场对教学目标、教学过程和教学反思等进行具体评价。课堂教学评价逐渐由以经验的价值判断为主，转向更加基于证据推理、实证量化的范式；由评判式的等级、分数导向的结果性评价，转向基于证据诊断、重在促进教学质量改进的过程性评价。已有的课堂教学督导评价框架，关照督导的监督或指导职能，聚焦学校教育质量的诊断与改进。❶ 不同国家课堂教学评价的理念、职能与方法也不一样。美国的课堂教学评价框架更多地针对教师的教学，提倡合作性而非等级性、对话性而非教导性、描述性而非论断性、辅助性而非惩罚性的督导理念。❷ 英国中小学课堂教学督导评价主要依据英国教育标准局制定的《学校督导手册》，更加注重将课堂观察作为学校教育质量评价的证据之一。

（二）深潜式教学督导的操作方法：以英国为例

课堂观察是督导人员评价的重要依据，它是英国学校督导期间采用的主要方法。❸ 英国《学校督导框架》规定：直接观察客观公正的一手证据，既有定量的，也有定性的。教育标准局一直致力不断提高督导的有效性，要求督导工作必须以证据为主导，以提高教学质量的评价，要求尽可能准确、有效、可靠地建立评价工具的框架。在正式观摩前，使用规范的培训资料对督导人员进行包括观摩对象、观察目的、观察工具、观摩步骤和评分标准等在内的专业培训；培训结束后，还将严格地对督导人员进行观摩、测试等环节的工作。因为

---

❶ 马效义.中小学课堂教学督导双重评价框架的构建——基于督导职能性质的视角 [J].教育科学研究，2020（4）：29–34.

❷ 苏珊·莎莉文，杰弗里·格兰仕.美国教学质量监管与督导 [M].翟帆，译.哈尔滨：黑龙江教育出版社，2016：12–23.

❸ 陈京京.英国教育督导制度下的课堂观察框架及启示 [J].教学与管理，2020（36）：119–121.

有比较多的专题观摩，所以督导各校的时间会比较长，课堂观摩占整个督导时间的 60% 左右。督导人员通过标准化的高推断定性工具收集教师行为的证据，而课堂观察方法必须与教师的职责、学生的进步相关联，是具体、定焦的督导。观察后进行诊断分析，根据深入观察所得的证据，形成诊断报告，同时对师生进行观察后的面谈。一方面督导人员为教师观察反馈制定指导方针，支持教师的专业发展；另一方面，教育标准局不会根据督导组的观察结果对教师个体进行评级，而是把观察作为学校教学质量总体判断的一部分。

英国教育标准局在 2019 年对学校督导框架进行改革，引入"教育质量"判断，结合之前的"教、学、评"和"成果"的关键判断，提供更全面的标准观，尤其关注课程。教育标准局为评估教育质量制定了督导取证办法，体现了新的教育质量判断的关联性。新学校督导框架的核心是新的教育质量判断，目的是将课程、教学、评估、标准汇集于一体，将教育单一对话置于督导的中心。这样做很大程度上借鉴了过去几年教育标准局所用课程的工作定义，也就是用"意图""执行""影响"三个概念来定义课程。认识到课程是经过构思、教授、体验等不同的阶段，由学校领导者和教师对课程进行设计、搭建和排序，再落实到课堂教学中去。学生懂得多、做得多，才是教得好的最终结果。从达标的成绩就能看出学生的学习成果。新督导框架建立的基础是认识到所有这些步骤都是相互关联的。

《学校督导框架》建立在课程、教学、评估和教育质量标准之间联系的基础上。因此，督导方法呈现结构化特征，以便督导人员能够收集证据，证明学校如何为学生提供高质量教育活动，以达到最高标准。教育标准局开始使用新学校督导框架进行督导时，在学校完成大约 200 次试点督导，这是有史以来规模最大的试点计划。试点帮助制定和完善督导证据收集方法，以反映新教育质量判断的连通性。该方法主要包括以下方面。

1. 顶层视角：形成课程设置的看法

顶层视角是指督导人员和学校领导从学校课程设置的顶层设计开始，探索提供什么、向谁提供、何时提供，还包括学校领导对课程设置的意图和顺序的理解，以及为什么做出这些选择。

督导开始前的下午，督导人员和学校领导赴学校为督导做准备。督导人员和学校领导非常重视现场准备，特别是督导前就要对督导要点进行深入讨论。因此，督导人员将在督导开始前在电话中与学校领导进行90分钟的介绍性谈话，包括让学校领导有机会解释本校的具体情况和挑战。提前沟通及对该框架的试点督导，有助于学校领导和督导人员建立更牢固的专业关系。

督导人员通过对话了解学校的背景，以及自上次督导以来学校所取得的进展，包括在上次督导中确定的有待改进的地方取得的任何具体进展。校长对学校目前的优势和劣势的评估，特别是在课程设置、教学支持学生学习课程的方式、学生达到的标准、学生的行为和态度及个人发展方面，所有学生都能接触到学校全部课程的程度。对学校的特定领域（科目、年级、保障方面等）进行讨论，将是督导期间关注的焦点。

督导前交流有助于督导人员和学校领导建立融洽的关系，并对督导的出发点有共同的理解。这也有助于督导人员对学校进展情况的看法形成初步判断，并制订督导计划。教育标准局对新框架的试点经验表明，这种方法是对学校领导和督导人员最有帮助、最有建设性的准备部分。

2. 深潜研究：形成对教育质量的看法

深潜研究主要指与领导、老师和学生合作收集关于课程意图、实施和对一系列科目、主题或方面影响的证据。深潜研究的目的是寻求对教育质量的询问并建立连贯的证据基础。

教育标准局认为，督导重点关注学生每天在课堂上实际接受教育的情况，而不是简单地看高层领导的研究意图。督导人员常说的一句话是"让我们行动起来看看"。这是深潜方法的核心。其目的是使督导人员能够收集必要的证据，以形成对教育如何在学校内从意图到实施再到影响的准确评估。如果不这样做，就不可能对学校提供的教育质量形成有效的判断。

在收集关于一所学校在某一学科、主题或方面提供的教育的深刻而丰富的证据时，进行试点督导的督导人员一直很小心，不依赖小样本的证据。一次深入研究不足以形成对学校的判断，但对科目、主题进行深入的、相互关联的案例研究的收集，可以使督导人员对学校教育质量形成有效和可靠的观点，前提是需要进一步的证据收集，以测试课程的系统性优势和劣势。

根据学段课程之间的差异，运用的督导方式也不一样。在小学，督导人员将对阅读和一门或多门基础科目进行深入研究，其中包括现场接受督导的学校正在教授的基础科目。此外，督导人员还常常会对教学进行深入研究。根据督导的规模，深潜的总次数会有所不同。在规模较小的学校（少于150名学生），调整方法以节约督导成本。在中学，深潜通常会集中在4~6个科目的样本上，由各级各类学生构成观察样本。

深潜主要聚焦高层领导课程意图、课程规划、课程样本、师生讨论等重要因素。教育标准局评估高层领导对本学科或领域课程的理解，以及他们对课程实施和影响的理解。评估课程负责人的中长期规划，包括内容选择和课程顺序的基本原理；观察一节课，查看课堂上学生使用书本或完成作业情况；与教师进行讨论，了解课程规划如何指导他们选择课程内容和课程顺序，根据所观察到的课程与一组学生进行讨论。英国教育标准局课程教学督导方法如图4-2所示：

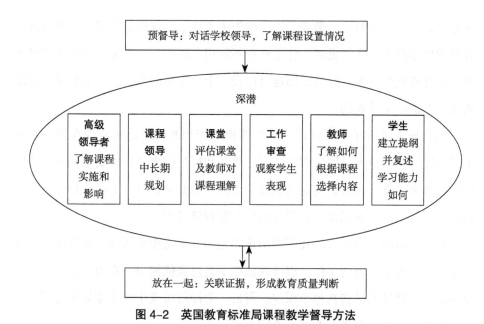

图 4-2　英国教育标准局课程教学督导方法

资料来源：OFSTED. Inspecting the curriculum [EB/OL]. （2019-05-04）[2024-09-13]. www.gov.uk.

　　研究表明，为了提高教育督导质量，主要考虑以下因素。

　　背景问题，在没有考虑背景的情况下进行课堂参观或工作督导将影响效果。重要的是，为了使课堂参观和督导更加准确，督导人员需要知道课程目标如何适应一段时间内的课程顺序，以及学生已知和理解的内容。与教师和学科负责人对话时，可提供这些背景信息。

　　评估单位为课程系列，而不是单门课程，即督导人员需要评估单门课程在课程系列中的位置，以及领导与教师对此的理解。督导人员不会对单门课程或教师进行等级划分。

　　判断预期课程是否正在实施，学生课本是否证明学校计划教授的内容确实已被涵盖。作业检查可以提供部分证据，以显示学生是否知道得更多、记住得更多、能做得更多，但这只是深入研究的一个组成部分，包括课堂参观和与领导、老师及学生对话。覆盖是学习的先决条件，但仅覆盖课程的一部分并不表明学生知道或记住了更多。作业检查不能用来证明一个学生学习是否达到了预期标准或类似标准，而且试图通过比较一个学生在两个时间点上的学习成绩判断个人进步是低效的。

当督导人员听了 4~6 堂课，并与课程主管和教师交谈每堂课在课程系列中的位置后，督导人员便可以对课程、教学和行为做出适当的安全判断。访问的次数越多，督导人员就越能看到教学实践中的差异。督导人员在督导过程中访问总数将超过 4~6 堂课，多次深潜以获取督导证据。

每次深潜中，督导人员在听课中审查至少 6 本工作手册或工作片段，并仔细审查至少两个年级的工作，以确保证据不会过度依赖单一来源。通常，在课堂参观中，督导人员将在每个深潜、科目、关键阶段或年级中重复此练习。

3. 汇集证据：形成对教育质量的判断

汇集证据。督导人员将汇集证据以扩大调查范围，并研究在深入调查中发现的任何问题是否属于系统性问题。督导人员通常会督促学校领导提出进一步的证据，从而收集更多的证据。

教育标准局还会开展进一步的证据收集活动，检验这项工作得出的新结论，包括与领导、教职工和学生的后续对话，以及对学校其他领域的抽样调查，以探索由于深潜而出现的问题。必须指出的是，督导人员不会根据任何单一的督导活动下定论。不过，一旦督导人员按照上述方式将不同证据联系起来，就会作出督导判断。

高层对话。教育标准局在试点督导方面的经验证实，开始这一过程时，必须对全校提供的课程及深入研究的某些科目、主题等方面课程进行高层对话。这是因为，督导人员必须了解所访问课程的目的和背景及其中的课程系列。这也是督导人员与学校和课程负责人共同开展尽可能多的活动的原因。

丰富的证据。一旦督导人员进行深入调查，重要的是确保能够收集尽可能多的丰富的证据，并在这些证据之间建立联系，而不是遵循任何严格或规定的流程。试点督导表明，与目前的框架相比，新的教育督导框架方法允许收集更多的证据，而这些证据反过来又得到了更严格三角化数据的印证。即使第一天遇到挑战，也尽可能将所有证据汇集在一起，并在第二天解决遗留问题。整合证据并贯通是一项重要的督导技能，也是督导人员培训的重点。有人担心，如果深潜的重点学科恰好是薄弱学科，可能会对学校产生扭曲的看法。因此，教育标准局建议，根据学校和督导小组的规模，在中学督导4~6门学科，在小学督导3~5门学科，并进行后续活动，以确定深潜调查中发现的问题和优势是否呈现系统性。

证据间存在"意图—实施—影响"的关联。试点也强化了教育标准局立场，即意图、实施和影响不应被视为单独的、不相关的判断。督导人员将始终寻求将教育质量判断中的证据联系起来并进行三角测量，形成对所提供教育质量的统一看法。

汇集证据并作出判断。第一天结束时，督导组将开会，开始收集证据。这次会议的目的是，分享迄今为止收集到的证据，继续构建教育质量的图景，确定哪些特征是系统的，哪些是孤立的单个方面；允许首席督导人员保证证据的质量，特别是证据的关联性；在第二天确定哪些督导活动是最合适和有效的，从而得出哪些特征是系统性的结论；收集关于个人发展、行为和态度、保障、领导等方面的证据，以便确定第二天需要进行哪些进一步的督导活动，从而得出关键的判断。

第五章　学校督导评估反馈及改进

　　所有国家有关教育督导评估的法律政策都有提升学校质量或国家教育质量的规定。其核心思想是，督导评估结束后，学校根据督导人员的正式汇报、对教师的反馈意见和会议口头反馈意见，反思本校存在的问题，并加以改进，使之成为学校发展的基础。然而，目前学界对学校督导评估反馈和改进的研究仍不丰富，难以指导督导人员开展有效的反馈活动，也难以指导学校进行高效整改。因此，探讨与认识学校督导评估反馈，以及改进的概念、特征和质量等重要因素，对于有效反馈和改进落实具有十分重要的实践意义。

第一节　学校督导评估的反馈质量

　　督导人员在督导期间或督导后提供的所有信息均可视为反馈意见。督导人员能够给学校提供丰富的反馈信息，如关于学生成绩和进步情况的反馈意见，课堂观摩后对教师的反馈意见，以及对学校内部文件、政策和程序的反馈意见。督导人员可通过口头形式向学校教职工反馈，也可通过公布报告等形式向学校或社会公众反馈。

一、高质量督导评估反馈的特征

　　学校绩效的反馈质量如何，学校能否利用反馈提升对自身工作进行改进的能力，都是学校成败的关键。高质量的反馈应该包含这些要素：具体的改进建议和学校改进方案；学校吸取建议并重新重视领导力；指出学校的具体弱项，并把这些弱项直接反馈给教师。❶ 督导反馈的效果也受到报告负面程度的影响。比如，学校普遍不愿意接受不利的督导结论。这时，督导人员信誉度、沟通技巧、作风就很重要了。

专业知识与沟通技能。影响督导人员对学校领导和教师反馈效果的一个重要方面就是督导人员个人的专业知识和沟通技能。❷ 例如，实地督导前与所走访学校领导与教师多接触，这样有助于减少他们的焦虑。当督导人员缺乏公信力时，反馈意见往往难以被接受。例如，指派有职业教育背景的督导人员督导中小学，中小学教师就会认为他们不够熟悉中小学教育。

富有建设性的批评方式。督导人员态度过于强硬，则容易引发学校抵触、排斥的反应。❸ 相反，如果批评方式的积极性、建设性更强，学校采纳建议的可能性就更大。督导组长和小组成员之间建立的合作关系，对督导过程和反馈都非常重要，有助于建立信任，也有助于提升团队的权威性、可信度。

较高的自评成熟度。在许多研究中发现，督导反馈与学校的自我评价，即学校系统的成熟度和能够自我完善程度的关系是十分重要的。❹ 在一所发展成熟的学校，已形成"成型专业主义"的氛围，往往不必依赖自上而下的

---

❶ GODFREY D，FRANSSEN H M B. Feedback by dutch inspectors to schools. // BAXTER J. School inspectors：policy implementers，policy shapers in national policy contexts [M]. Cham：Springer International Publishing AG，2018：97–108.

❷ KELCHTERMANS G. Macropolitics caught up in micropolitics：the case of the policy on quality control in flanders（Belgium）[J]. Journal of Education Policy，2007，22（4）：471–491.

❸ 同❷.

❹ HARGREAVES D H. Creating a self-improving school system [R]. London：National College for Leadership of Schools and Children's Services，2010.

指导。事实上，只有那些已经形成"计划—实施—督导—行动"（Plan-Do-Check-act）即"戴明环"（Deming Circle）管理路径的学校，才能充分吸纳督导报告的反馈建议，并实施改进策略。大部分学校在接到督导报告后，都需要更强的刺激和一些压力才能有所行动。在自我完善系统中，反馈意见既需要更多地指向制度层面，也要考虑学校在促进提高方面如何协同作战。❶

给学校时间和支持。学校需要时间、技能和支持来有效回应督导人员经常提到的绩效反馈类型，❷包括给学校提供培训和支持使用数据的机会以提升改进行动力。❸但有研究显示，校长是否参加过解读数据培训对数据使用效果没有显著差异，而员工之间的合作文化及良好的专业关系，决定了学校督导反馈的运用程度。还有一些研究发现，与年龄较大、经验丰富的校长相比，年纪轻、缺乏经验的校长接受反馈和实施变革的可能性更大。

二、高质量督导评估反馈的框架

荷兰非常重视督导后对校长、教师及家长等利益相关者的反馈，教育督导局专门对督导人员进行相关方面的培训，以提高反馈质量。为此，荷兰学者多贝拉（Dobbelaer）开发了学校督导反馈质量框架。❹该反馈质量框架由四部分内容构成，具体如下。

❶ HARGREAVES D H. A self-improving school system：towards maturity [R]. London：National College for Leadership of Schools and Children's Services，2012，23.

❷ VERHAEGHE G，VANHOOF J，VALCKE M，et al. Using school performance feedback：perceptions of primary school principals [J]. School Effectiveness and School Improvement，2010，21（2）：167–188.

❸ VANHOOF J，PETEGEM P V. Matching internal and external evaluation in an era of accountability and school development：lessons from a flemish perspective [J]. Studies in Educational Evaluation，2007，33（2）：101–119.

❹ DOBBELAER M J，PRINS F J，DONGEN D. The impact of feedback training for inspectors [J]. European Journal of Training and Development，2012，37（1）：86–104.

（一）反馈的开端

督导反馈意见旨在推动学校专业化发展。无论督导人员还是学校，都要掌握和明确这个总体目标和标准。学校只有在理解标准的情况下，才会根据反馈的情况对发展目标和任务进行更好的调整。

反馈质量由一系列变量构成，包括任务复杂性、时间限制、反馈模式、反馈时间、反馈频率及反馈性质（积极反馈还是消极反馈）。[1] 在督导期间，这些变量是固定的，决定了督导未必是最理想的反馈方式。比如，反馈最好由与接收者身份相似的人提供。

（二）反馈的内容

当反馈只是传递到"自我"层面时，说明这种反馈一般是无效的。[2] 这类反馈对学校提高质量的指导信息不够充分，对学校质量的提高也起不到促进作用。在现实中，有些反馈通常不会转换为学校教育质量提高的工具，如督导反馈只停留在对学校的肯定或否定上，而不涉及过程或绩效的具体信息。如果督导反馈是针对提升自我改进能力的策略，或者是为了完成任务而制定的，也许效果会更好一些。

反馈太过具体，可能会导致学校把过多的精力放在短期目标上，而没有放在用于达成目标的策略上。对短期目标的反馈"会造成试错策略增多，认知努力减少"。[3] 当反馈纠正了个人的错误观念，尤其是当个人对自己操作方法

---

[1] KLUGER A N, DENISI A. The effects of feedback interventions on performance: a historical review, a meta-analysis, and a preliminary feedback intervention theory [J]. Psychological Bulletin, 1996, 119（2）: 254.

[2] HATTIE J, TIMPERLEY H. The power of feedback [J]. Review of educational research, 2007, 77（1）: 81-112.

[3] 同[2].

的正确性抱有极大的信心时，这就是反馈最有效的时候。因此，督导人员需要有足够的自信来挑战学校领导和教师的错误假设。

反馈的目的是对当前形势与预期目标的差距进行客观判断，为达到预期目标而提出改进策略。反馈的意见也要符合学校发展的层次。当预期状况与现状落差过大时，反馈将很难推动改进行动的展开。如果学校还没有得到低级技能就把反馈集中在高级技能上，那就无济于事了。因此，督导人员需要能够根据实地观察，对学校发展水平做出准确的判断。这对督导人员的专业知识是有要求的，因为学校发展往往具有很高的复杂性。

（三）反馈中的对话

艾斯丘（Askew）总结了反馈对话的三种模式[1]：第一，将反馈作为礼物，以评估为主要目的，将信息提供给反馈接收者。这种模式中的反馈往往过于压倒性，不完全符合接受者的知识与技能。第二，乒乓模式，指的是在交谈沟通过程的本质。该类反馈看起来互相探讨，而反馈提供者却在掌控之中。这可能会造成在知识、技能和目标等方面，反馈者与接受者之间的一致性不足。第三，共建模式，指的是反馈和反思交织在一起，相互关联，对语境和先前经验进行学习的过程。当督导人员向校长、教师提供反馈意见时，首选共建模式，可以保证督导人员反馈意见与校长在知识、技能、目标和特长等方面的发展相吻合。

（四）结束反馈对话

反馈提供者和接受者对所提供的反馈在看法上可能存在分歧。可以在提

---

❶ ASKEW S, LODGE C. Gifts, ping-pong and loops—linking feedback and learning. // ASKEW S. Feedback for learning [M]. London/New York：Routledge Falmer，2000：1–17.

供者和接受者之间发起关于这些差异的对话，从而使感知差异最小化。比如，在反馈对话结束时展开讨论，可以有效消除改进过程的障碍。最后，在对话结束时，提供者应该进一步督导接收者对反馈的信息是否已清楚掌握。

综上所述，当反馈接受者处于以下状况时，反馈最有效，即接受者有强烈的愿望实现目标，并认为努力、高度的自我效能感和足够的知识、技巧或理解力是决定成功的关键。通常情况下，学校和督导人员的感知是不一样的。通过讨论这种感知，也许可以消除可能干扰效果的障碍。只有在学校了解反馈意见的前提下，才能做到有所为和有所不为。现实中，督导反馈往往得不到学校的理解。因此，高质量的反馈表现在校长、教师对反馈的认识非常清楚。

三、督导评估反馈的效果

总体来说，督导反馈可以发挥的作用表现如下：一是促使学校采取质量提升举措。学校领导与教师根据反馈结果采取行动以提升教育质量，但很可能受到学校领导对改进的态度，以及督导人员在多大程度上跟进或支持这种努力的影响。二是提升教师专业发展水平。学校领导根据督导评估结果进行教学干预，加强教师发展规划，从而提升教师专业发展水平。三是提升学校自我评价能力。督导反馈可以对学校自我评价过程进行评论、验证或提出改进方法，促进学校增强监测评估及数据使用能力，从而提升学校自身改进的能力。

多项研究显示了督导反馈的积极作用。❶ OFSTED 委托报告旨在调查学校领导、教职员工和管理者对督导工作的评价，询问他们对一系列问题的看法，

---

❶ NELSON R, EHREN M C M. Review and synthesis of evidence on the（mechanisms of）impact of school inspections [EB/OL].（2014–02–03）[2024–09–11]. http://schoolinspections.eu/.

包括督导质量和行为、督导对学校的可能影响，以及他们打算做出什么改变。报告调查了 829 名学校领导，分析了 22 800 份反馈意见。❶

几乎所有的受访者都表示，他们会使用督导建议来改善学校质量（98%）。近九成（88%）学校领导报告说，督导促使他们对学校作出了改变。大多数领导（81%）表示，督导通过提供学校优劣势的准确分析，对学校给予了帮助。大多数领导（79%）认为，督导有助于确认他们正在采取正确的行动。大约七成的学校领导（73%）认为，督导报告能够帮助学校改进。超过一半的学校领导（56%）认为，与督导人员进行专业对话是督导过程中最有用的部分。

第二节　学校督导评估报告的公开

一、督导评估报告的标准

督导评估结束后，督导人员应将结果清楚地传递给学校相关管理者和负责监督学校的其他管理者，并适时传达给公众。督导报告应准确、公正、客观地呈现事实数据，并以有说服力的方式提出督导结果、结论和建议。好的学校督导评估报告呈现如下特征。

报告内容。督导人员应在督导报告中说明以下内容：依据国家或地方标准进行督导工作或活动；督导的目的、范围和方法；督导结果，包括调查结果、结论和建议。使用简单的语言，报告格式尽可能相似，有助于学校之间进行比较，并使报告容易为利益相关者（特别是家长）所接受。

报告发现、结论和建议。督导报告的发现、结论和建议建立在督导过程

---

❶ OFSTED. School leaders' views on the impact of inspection [EB/OL]. （2015-03-28）[2024-05-04]. UK. https://www.gov.uk/.

中收集的证据和分析的基础上。报告必须包含足够的信息，使学校能够信服督导结果、结论和建议。报告中提出的任何建议都必须提交给有权采取行动的相关管理者，如学校董事会、地区教育主管部门或国家教育管理部门。

学校意见。要求学校管理人员对报告结果、结论和建议提出正式意见，必须在最终报告中包含这些意见或摘要。

发布报告。将督导报告分发给负责根据调查结果和建议采取行动的相关管理人员。

二、督导评估报告的发布

督导评估发布制度涉及如何发布评估结果、公开程度，以及发布给谁。有两种类型督导报告，即学校督导评估报告与根据一年或多年调查结果汇总编制的报告。学校督导评估报告存在公开发放的程度，公开发布或根本不发布。大多数督导机构或部门根据督导结果形成汇总报告，提交中央或最高主管部门。

（一）发布督导评估报告

通常有三种发布学校督导评估结果的选择：公开发布报告；有限度发布报告；不公开发布报告，仅将报告传递给中央或高级教育主管部门。欧洲大部分国家选择向公众全部公开或有限公开发布学校督导评估报告，也有少数国家根本不发布报告。公布报告是为了让家长、公众了解学校的质量。有研究表明，公开报告有望促进一种"市场机制"，通过知情的学校选择和家长声音来推动学校改进。❶

---

❶ EHREN M C M, ALTRICHTER H, MCNAMARA G, et al. Impact of school inspections on improvement of schools—describing assumptions on causal mechanisms in six european countries [J]. Educational Assessment, Evaluation and Accountability, 2013, 25（1）: 3-43.

大部分国家通常在中央或最高主管部门、督导评估机构或学校的网站上公开报告。在一些国家，除了向公众提供报告，学校还有义务将督导评估报告告知利益相关者。荷兰针对薄弱学校采取了更多措施，即将薄弱学校的名单公布于教育督导局网站，并专门添加了家长栏目。

有限度地发布报告指应要求提供报告，或只向相关利益相关者发布报告。在有些国家，报告转交至所有参与督导评估工作的人员，其中通常包括学校利益相关者，如家长和学生代表。有些国家会为家长专门编写具体简洁的报告，并期望校长以书面形式向家长通报主要督导结果。一些国家如法国，由校长决定是否向家长、教职员工和学生发布报告。一些国家校长需要向教职工、家长和学生介绍督导评估结果，并在督导机构网站上公布优势和劣势方面的主要督导结果。

有些国家不公开发布报告。奥地利施蒂利亚省不要求发布报告，但是校长有责任明确告知家长、学生和教师及社区督导结果。督导人员通常不会追究学校是否在家长会上呈现督导报告，但是如果督导指出的问题持续存在或有家长投诉，他们就会督促学校，要求学校积极向利益相关者发布督导报告。督导报告的目的是，激励学校阐明该报告将如何适用于学校规划、改进和自我评价，鼓励学校利用评估结果提升教育质量。

（二）督导评估结果汇总报告

大多数国家向中央或最高主管部门递交督导报告，旨在影响政府决策。督导评估机构根据学校督导结果，编制年度或两年制报告，并提供概览或摘要。汇编报告的性质可以达到不同的目的。例如，重点是汇报督导评估机构的活动，或侧重提供督导结果和建议的概览，或两者都有。在一些国家，如英格兰、威尔士和北爱尔兰，除了提供关于督导评估活动和督导结果的年度报告，还编制专题报告，如某个学科领域的专题报告。在奥地利，学校督导汇总数据是区域教育发展计划的基础，区域教育督导汇总结果又为国家发展计划提供依据。大多数国家通过督导评估机构网站或国家渠道公开发布专题报告、年度报告或两年制报告，还经常通过媒体、会议和讨论会传播优秀学校的实践案例。荷兰教育督导局发布督导报告的类型较为丰富，包括学校治理机构质量报告、学校质量督导报告与教育质量专项督导报告等，具体见表5-1。

表 5-1　荷兰学校督导评估报告类型

报告类型	递交对象	发布方式
学校治理机构质量报告	治理机构，公众	网络公开发布
学校质量督导报告	治理机构，公众	网络公开发布
教育质量专项督导报告	教育部和议会、教育机构、公众	网络公开发布，积极报送议会和其他团体
临时督导报告（严重事件投诉、教育部要求或媒体报道）	教育部	通常公开，有时保密
国家年度报告	教育部和议会、地方教育机构、公众	网络公开发布，积极推送媒体和各种发布渠道
文章或会议报告	多样	公开

第三节　学校督导评估的结果使用

一、实施学校质量的提升计划

督导结束后，针对学校教育质量存在的弱项和不足，大部分国家督导人员将实施质量提升计划。在一些国家，督导人员可以参与后续改进活动，如对学校如何解决不足进行进一步督导或分析。还有一些国家，要求学校必须采取直接行动，改进督导人员所强调的薄弱领域，有些情况下必须将整改行动纳入具体的改进方案。其他一些国家会采取包括提供更多资源、指导和培训在内的支持措施。2015 年，欧盟报告《教育质量保障：欧洲学校评估的政策和方法》对欧洲国家使用督导结果的特征进行了很好的总结。❶ 从欧洲实践范围看，学校督导结束后，督导机构或部门希望将督导结果使用于以下方面。

第一，大多数国家都规定或期望学校在数周或两三个月的时间内对督导报告作出回应。在苏格兰、爱尔兰、北爱尔兰、威尔士和英格兰，必须由学校董事会向地方教育主管部门正式提交学校发展和改进计划。在荷兰、佛兰德斯等一些没有地区教育主管机构的国家，学校没有义务向教育部或督导人员作出回应，但通常是校董事会和家长理事会要求这样做。而且，越来越多的学校在网站上公布整改计划。德国一些州的官员或英国地方教育主管部门官员，定期督导学校是否"在计划中"获得质量提升。

第二，大多数国家由地方教育主管部门支持学校改进，由教育督导部门督促整改进度。在整改阶段，政府通常采取额外拨款、签约外部机构、校长与教师培训等方式支持学校质量提升。在一些国家，由地区教育主管部门负责为学校提供支持，且由国家督导人员督导实施整个"提高行动计划"。例如，英格兰、威尔士、苏格兰、挪威、瑞典和北爱尔兰都是如此。英国地方教育主管部门和德国的一些州有可能让学校在整改阶段获取少量的预算支持。在整改方案中，学校有很大余地选择改进的目标和问题。这是对学校施加一定压力的方法。有些国家并未明确学校是否必须提交督后改进方案等，还是只在"你被期望……"的公式下施加"软压力"。

第三，大多数国家为学校提供培训、资源或财政及专业方面的支持。越

---

❶ European Commission/EACEA/Eurydice. Assuring quality in education：policies and approaches to school evaluation in Europe [R]. Luxembourg：Publications Office of the European Union，2015.

来越多的国家已经形成或正在形成学校资助体系，使学校有预算购买配套服务，如指导校领导培训、教师培训，推出一系列针对相当薄弱学科的新教辅等。在德国、爱尔兰、西班牙、法国、奥地利、英国等国家，学校根据督导人员的建议启动培训活动。在上述大部分国家，学校可以在需要时获得专业支持，由督导评估机构专门组织提供指导与帮助。例如，法国增补学校工作人员，英国通过强校拉弱校的方式提供支持，还有少部分国家提供财政支持。

二、惩治整改不力的学校

大部分国家立法规定，在学校违反规定或某一时期后补救行动不成功时，采取惩罚措施。大部分国家对督导人员的建议没有作出回应的学校予以纪律处分。通常由教育主管部门对整治行动不力的学校给予纪律处分。在奥地利等少数国家，只有学校在违反法律的情况下才可采取纪律处分。纪律处分大体上可分为两类：一类针对学校领导及教职员工，另一类针对学校或其管理机构。

第一类纪律处分表现为对校领导及其教职员工采取罚款、制裁、检讨或撤换等措施。比如，有的国家明确规定校长或管理班子可能被辞退。还有一些国家，任何学校工作人员当出现严重的侵权行为，如酗酒、骚扰学生或滥用学校预算时，督导人员都可以建议解雇。

第二类纪律处分表现为关闭学校、减少预算拨款或取消合法身份。就后一种情况而言，如东欧的一些国家，可能出现撤销学校资质证书的情况；督导人员可建议将学校从登记册上除名；教育部可以宣布教育执照无效。在英格兰，国务大臣可以决定终止资助协议，主要针对学院。在荷兰，在极端情况下，学校全年预算经费可能会被推迟发放。在瑞典，主管部门可以关闭学校，但一所学校只能关闭六个月，督导人员将介入学校的质量改进工作。一些国家还采取了其他的惩罚措施，如在英国，那些实行特别措施的学校不能再雇用新教师；在爱沙尼亚和瑞典，学校可能会被罚款。

三、传播优秀学校的做法

学校督导评估结果也可用于传播优秀学校的实践，包括传播、推广学校督导中发现的良好做法，旨在提高优秀学校的知名度。在实践中，只有少部分国家采取了提高学校知名度的行动。法国对成绩不错或具有创新性的学校提供额外的资源；立陶宛督导评估机构负责收集有关学校最佳做法的案例，并配合校长和教师传播案例；波兰督导人员通常会为得分高的学校提供优秀实践报告，随后在校长网站上进行传播；在英格兰、威尔士和北爱尔兰，督导部门将根据督导期间收集的证据，撰写关于学校优秀实践的专题报告，并通过督导部门官网传播出去。这种方法可以提高大家对什么方法有效、在什么情况下有效的认识，有助于提升优秀学校的知名度。该项行动也支持同伴积极研习的文化，有助于扩大学校督导评估的作用。

四、跟访及整改：英国案例

督导后续行动是督导组织和被督导对象共同承担的责任。学校及相关行政管理部门根据督导建议采取整改行动，对提高教育质量是必不可少的。督导部门对于报告里的每一条建议，必须以书面形式征求学校同意或不同意，并提供相应的整改行动方案。督导部门应审查学校对每项建议的答复。学校整改措施应满足建议的意图。当学校未对督导报告建议做出回应或不同意督导报告建议时，督导部门应遵循其政策和程序。此外，督导部门必须监测学校执行建议的进展情况，联系学校并调查相关证据，对整改情况进行监督。

质量问题严重的学校压力很大，为防止学校"陷得更深"，必须立刻取得帮助。英国、荷兰等国家基于这一观点，在学校督导手册明确提到支持、跟进等带有措施的"干预阶梯"，试图阻止学校进一步削弱。在许多国家，当一所学校被判定为"薄弱"或"非常薄弱"时，其后续监管比上述程序更为严格。例如，英国、荷兰、爱尔兰、西班牙从制度上更严格地要求学校董事会向督导人员提交一份计划，解释如何迅速改进现有状况；由督导人员对该方案进行评估，随后迅速对其实施监测。

英国已经形成了对薄弱学校监测的成熟做法，下面重点介绍英国薄弱校监测案例。为了监测薄弱学校，英国制定了《薄弱学校监测手册》，对督导人员如何监测学校进行了详细的规定，以确保学校取得足够的进展。❶监测目标旨在为校领导和校董事会负责人提供挑战和支持，同时也为家长了解学校改进过程提供保障，使他们对当前孩子所受教育质量有所了解。监测督导程序可以使学校在具备整体效能判断改善的情况下，尽快接受等级督导。

（一）监测政策

通常由女王督学亲自监测督导英国薄弱学校的整改活动。督导人员通过监测计划对校领导和校董事如何改善学校环境进行评价。督导人员将确定影响持续改进的因素，以及任何可能阻碍改进的障碍。

英国薄弱校监测整改计划因校而异。各学校的重点和改进步骤将视其具体情况而定，即一所学校所接受的监测方案的具体内容取决于该校可持续改进的速度。监测具有前瞻性，不是仅着眼于哪些问题会导致学校被给予差评，因为这可能会鼓励学校"快速修复"，即仅专注弱项的表现而非原因。相反，督导人员将关注学校的进展情况。他们还将考察该学校如何解决之前督导中发现

---

❶ OFSTED. School monitoring handbook [EB/OL]. （2024-04-05）[2024-09-10]. www.gov.uk.

的弱项。监督学校领导的行动是否有效，即在正确的时间以正确的顺序采取正确的行动，同时牢记提高质量的最终目标。

整改过程旨在维护学校领导和督导人员之间建设性的关系；通过增强学校办学绩效需要改进的具体领域来支持学校；迅速确定学校是否在提高；保证在学校提高的情况下，尽早接受等级督导。督导人员在监督过程中，会就办成一所好学校需要做什么、学校提高了多少，寻找学校领导的证据。

（二）监测项目

监测方案将能够反映出一些学校在提高过程中比其他学校走得更远。督导人员认识到，领导一个组织度过变革时期对学校领导的要求很高。为此，督导人员需要了解在这个过程中，学校各级管理人员和地方主管部门工作人员在提升教学质量方面发挥的作用，对学校领导班子的能力建设将给予密切关注。每一次的监测重点是学校如何朝着好的方向发展。督导人员设法了解学校领导在多大程度上发现了学校的薄弱环节，以及是否正在采取必要的措施加以改进。教育标准局根据不同类型的学校采取不同的监测方案。

1. 需要改进学校的监测方案

等级督导报告公布 14 个月内，教育标准局将对需要改进学校的监测方案进行一次监测督导。❶等级报告公布 30 个月内，将对这类学校实施等级督导，由教育标准局相关区域主任自行决定重新督导的时间。若完成监测督导后，首席督导人员认为学校已有足够进展并可接受复检，将会建议提前等级督导时间。

2. 不合格学校的监测方案

督导人员通常会在等级督导报告公布后 3~9 个月内，对不合格学校进行监测督导。不过，这一点可以通过追加督导来补充。

---

❶ 英国教育标准局将学校评定为四个级别，"需要改进"与"不合格"分别对应第三、第四级。

（三）监测督导

监测督导是有选择性的，集中在学校为摆脱其现有劣势而需要改进的地方。督导人员在决定重点时，会综合考虑近期等级督导的结果。重要的是，校领导要证明自己对各个薄弱区的影响都很大，并有再提高的能力。督导人员需考虑，校领导表现出以可持续的方式改善学校的能力水平。并且，针对等级较低的学校，应该有明确的证据表明，领导人和管理者正在对提高教育质量产生影响，并确保在课程改进方面取得有意义的进展。

1. 监测督导前准备

教育标准局在监测督导前已做好充分准备，督导组长将通过审查督导历史和其他相关信息来为监测督导做准备，以建立一幅学校在一段时间内有所作为的图景。督导前的准备包括自上次督导以来学校发布的任何成果信息，教育标准局对家长的调查结果，任何自我评价、改进计划、行动计划，或可能已由学校或地方主管部门完成的有关课程和管理的任何具体信息。

2. 监测督导过程

学校不得在监测督导期间制订专门行动计划，用于迎合教育标准局或督导工作。教育标准局希望校方针对近期等级督导发现的问题，重新审视他们现有的计划。首席督导人员将设法找出影响学校质量提升的问题。督导组长将决定督导活动的重点，收集证据，了解校领导和董事会如何快速有效地处理近期等级督导提出学校需要改进的领域；还将收集证据，评估学校自首次被判定需要改进或不足以来一段时间内取得的进展；报告任何影响学校快速可持续发展的障碍。

监测督导还将重点关注不合格学校获得多少支持。在对不合格学校（指需要采取特别措施的不合格学校）进行第一次监测督导期间，督导人员将尽可能多地与校长、首席执行官或其代表、管理机构或董事会主席及理事会面。其他教职员工中至少有一人能到会支持校长。督导人员将寻找证据，了解校领导和管理者在实施学校改进计划方面的进展。在跟进督导中，督导人员还将报告信托基金会或地方主管部门对学校支持情况，以及任何外部支持的影响。

3. 监测督导结果使用

当督导组长认为学校有重大事项需要引起重视时，监测督导将按等级督导处理。如果监测督导被认为是等级督导，并且判断学校有严重弱点或需要采取特别措施，则必须通知国务大臣。如果督导人员认为学校取得足够进步，可能会取消严重缺陷的判定，监测督导则按等级督导处理。如果监测督导发现了学校以前等级督导或任何早期监测督导中没有发现的问题，督导人员则不得不考虑这些问题对进展判断产生的影响。当判断学校不再需要采取特殊措施的情况下，监测督导将按等级督导处理。

第六章　学校自我评价

很多国家都制定了督学评估制度，要求学校切实承担责任并提升教育质量。外界强加给学校领导和教师教学的标准，以及为外部评价做准备的需要，这些都成为促进学校自我评价（School Self-Evaluation, SSE）的动力。事实上，许多外部评价支持者建议，实行学校督导评估自然会产生自我评价，这是学校督导评估的重要补充，也是督导评估系统成熟度的表现。[1] 因此，在 20 世纪 90 年代后期，很多国家的学校系统开始重视自我评估，包括欧洲大部分发达国家，以及加拿大、新西兰等。[2]

在过去的十年中，欧洲对学校自评的期望不断增加，学校自评呈现出广泛多样的发展态势。从 20 世纪初开始，学校自评制度由推荐制向强制转变，已在十几个国家和地区实行。27 所国家强制学校按中央规定实行自评。有的国家没有硬性规定，但学校自评通常是被推荐的。[3] 欧洲学校自评的广泛增长体现了这项评价的优越性，即把质量保障的责任嵌入学校"第一线"，而不是仅依靠督导"自上而下"的机制来提高教育质量。学校自评活动也因此成为欧洲大部分国家教育质量保障战略的组成部分。

---

[1] HARGREAVES D H. A self-improving school system: towards maturity [EB/OL]. （2012-01-01）[2019-06-13]. https: //dera.ioe.ac.uk.

[2] GODFREY D. From external evaluation, to school self-evaluation, to peer review. // DAVID GODFREY. School peer review for educational improvement and accountability: theory, practice and policy implications [M]. Cham: Springer Nature Switzerland AG., 2020: 123-134.

[3] European Commission/EACEA/Eurydice. Assuring quality in education: policies and approaches to school evaluation in Europe [R]. Luxembourg: Publications Office of the European Union, 2015.

第一节　学校自我评价的价值与运行

一、学校自我评价概述

学校自评是以保证教学质量、改进教学过程、提高学校办学业绩为目标的内部治理过程。❶ 文献中与 SSE 同义使用的术语有很多，包括内部评价、基于数据的决策、自我审查及内部问责。❷ 教育背景下的自我评价目的表现为，一方面是问责要求，另一方面是促进教师的专业发展。SSE 参与学校治理为增强参与者对质量提升的承诺，让利益相关者发声，提供了一系列过程与结果的实现机会。

OECD 描述学校自我评价为由学校成员对现有结构和过程的效能进行测评及对学生学习成果的质量做出评价。❸ 学校领导、教师、其他工作人员、学生、家长、学校和社区都可以执行学校效能和质量检查工作。有学者将学校自评定义为"由学校发起的系统信息收集的程序，旨在评价学校职能及其教育目标的实现程度、支持决策和学习、促进学校质量整体提升"，并认为自评能够提高学生成绩，进而提高学校的办学质量。❹

大多数 OECD 国家对学校自我评价有不同程度的法律规定。麦克贝思（MacBeath）一直强烈主张在所有学校体系中推行自我评价，以释放学校系统

❶ European Commission/EACEA/Eurydice. Assuring quality in education：policies and approaches to school evaluation in Europe [R]. Luxembourg：Publications Office of the European Union，2015.

❷ NELSON R，EHREN M，GODFREY D. Literature review on internal evaluation [R]. London：Institute of Education，2015.

❸ OECD. Synergies for better learning：an international perspectives on evaluation and assessment [R]. Paris：OECD Publish，2013.

❹ SCHILDKAMP K，VISSCHER A. Data-centered school self-evaluation in the netherlands：characteristics and prerequisites [J]. Advances in Program Evaluation，2014，14：233–252.

提升质量的能量。❶ 实际上，欧洲大部分国家均有一定形式的自我评价，然后才是学校督导。欧洲以外的国家，如美国，以考试成绩为基础的学校问责制度也表现出对自我评价方法的兴趣，即越来越关注推动学校改进的过程和更广泛的教育指标，而不只是以考试成绩为基础的问责制度。❷

自我评价这个概念与许多概念都有关，不仅是在教育领域，在其他领域也有。麦克贝思对这一概念进行了总结，指出该术语传达了国家体系的特定立场或总结性、形成性意图，❸ 具体如下。

审计（Audit）：审计建议盘点资源，属于总结性的。

质量保证（Quality Assurance）：由外部机构审计的问责系统。

自审（Self-review）：自审是自评的同义词，通常用于单位整体的总结性评价，如评价整个学校而非具体领域。

自我评估（Self-assessment）：涉及对学生获得的知识、技能和态度的督导，既可以是总结性的，也可以是形成性的。

咨询或鉴赏（Inquiry or Appreciative Inquiry）：更多的是在北美国家使用，关注的是组织如何在自己的参考框架内评估自身的长处，这在本质上是形成性的。

研究（Research）：有时作为咨询的同义词，可能是形成性或总结性的，通常涉及包括学生和教师研究者在内的一系列利益相关者。

自我评价（Self-evaluation）：是嵌入学校的实践周期、与学生的学习与成绩联系起来的一种形成性评价过程。

---

❶ MACBEATH J. Self-evaluation：background，principles and key learning [R]. Nottingham：NCSL，2005.

❷ RYAN K E，GANDHA T，AHN J. School self-evaluation and inspection for improving U.S. schools [R]. Boulder：National Education Policy Center，2013.

❸ MACBEATH J. School inspection and self-evaluation：working with the new relationship [M]. London：Routledge，2006：4.

麦克贝思还比较了自我督导（Self-inspection）和自我评价（Self-evaluation）之间的差异，认为这是另一种描述自我评价总结性或形成性目的之间差异的方法。自我督导是以严格的框架和预先设定的标准为依据，聚焦问责，属于总结性质的评价，是自上而下提供快照的一次性事件。自我督导的方法往往是规避风险的，目的是展示学校怎样符合自己的标准，而不是怎样超越或弥补自己的短板。相比之下，自我评价则以可持续、灵活的评价方式表现出来。该模式创建了专注于提升教学水平的相关标准，为学校提供了不断发展的途径，属于形成性评价。

新西兰教育部对自我评价的类型进行了认定。第一类是战略性的自我评价，主要关注与愿景、价值观、目标和指标等有关的活动。第二类是定期自我评价，由所有利益相关者，如学校管理层和教师收集数据，监控目标达成的进度，了解项目或干预的成效。第三类是紧急自我评价，负责对意外事件或问题进行常规扫描或监测。

二、学校自我评价的价值

"以改进为重点"的自我评价的政策和实践，旨在推动学校持续改进，被视为任何有效的质量保障战略的关键要素。主要表现为以下两个方面。

一方面，有助于学校提升学生综合素质。一是自我评价过程在促进学生综合素质的共同理解方面发挥核心作用。学校鼓励并支持教师收集、解释学生提升素养的证据，如学生的数字素养、创新能力、社会能力和公民能力。二是学校还需要借助外力，在传统考试和评价方式达不到的领域，开发评价学生学习体验质量和学习成果的方法，注重对学生福祉和包容性的提升、正面价值观和态度灌输等方面的评价。收集定性证据往往比定量数据更重要，因为学校寻求在了解学生综合素质的基础上提高其素质，在学生福祉、包容性、积极公民意识等个人发展和能力的某些领域进行定性证据的收集。

另一方面，确保学校关注课堂和教学等过程发展的质量。在学校积极推广"以提升质量为中心"的自我评价方法的国家及地区，也往往努力确保自我评价及任何外部评价方法不仅关注学生学习结果，还系统关注关键过程的质量，特别是课堂学习和教学质量。与教师协商制定教育质量指标体系，在使用方面提供培训和支持，能够对以上事项发挥关键作用。

学校的自我评价可以达到两类目标，即直接目标和间接目标。❶ 学校自我评价模型的直接目标是鉴别有用和无用的学校实践，同时也指出需要做出哪些必要的改变才能达到学校的目标，以及优先改善的问题。间接的目标是有助于学校建立有效的评价文化；间接目标还有助于学校标准化发展，提升利益相关者在决策和资源管理过程中的协作、评价和参与水平。学校自我评价的目标见表6–1。

表 6–1　学校自我评价的目标

直接目标	确定在学校实践中什么有用，什么没用
	确定为实现学校目标需要做出哪些变革
	确定质量提升优先次序
间接目标	协助学校建立有效的评价文化
	协助建立注重绩效的学校文化
	为学校标准化发展作出贡献
	通过提供合作、评价、参与决策过程和管理资源的机会，加强学校教职工的心理建设

资料来源：ŞAHIN Ş, KILIÇ A. School self-evaluation model suggestion [J]. International Journal of Instruction, 2018, 11（3）：193–206.

---

❶ ŞAHIN Ş, KILIÇ A. School self-evaluation model suggestion [J]. International Journal of Instruction. 2018, 11（3）：193–206.

三、学校自我评价的操作过程

学校自我评价模型聚焦于日常运作中的实践与流程，其核心在于通过行动研究的形式展开。行动研究是一种实用性强、周期循环且以问题解决为导向的方法论，旨在帮助教育工作者获取新的知识、提升技能并培养对自身实践的批判性审视能力。该模型依据监测过程中广泛收集的数据进行评价分析，在此基础上深入剖析存在的问题，并针对性地探索合理的解决方案。然后，针对发现的问题与提出的解决方案，学校将据此制定新的行动计划，并付诸实践。

学校自我评价模型进行评价是一个循环的过程，包括准备、监测、评价、计划和实施五个阶段。首先，进行必要的准备，分析当前状况，并得出各种判断。其次，为未来制定新的计划，并实施规划。下面描述了学校自我评价模型的过程以及每个过程中需要采取的行动。

学校自评操作过程可划分为五个阶段。第一个阶段是准备过程，包括组建评估小组、确定目标和分配责任、编制任务进度表、确定资料收集方式等。建议建立一个 10~12 人学校自我评价团队，应由评价人员（1 名）、教师（4~6 名）、管理人员（1 名）、校长助理（2 名）、家委会负责人（1 名）和学生代表（1 名）组成。第二个阶段是监测过程，由输入（课程、教师、学校管理、学生、家长和物质资源）、过程（教师、学校管理、学生、家长和物质资源）、输出（学生）组成。第三阶段为评价过程，包括分析资料，对照业绩标准判断、撰写评价报告等操作环节。第四个阶段是计划过程，包括确定优先次序、确定可能的解决方案及新的行动计划等操作过程。第五个阶段是行动计划的实施过程，是学校自评模式的最后一个过程。学校可应用模型中的这些过程对自己的教育实践进行评价，从而使教育发展的标准得到提高。学校自我评价模型如图 6-1 所示。

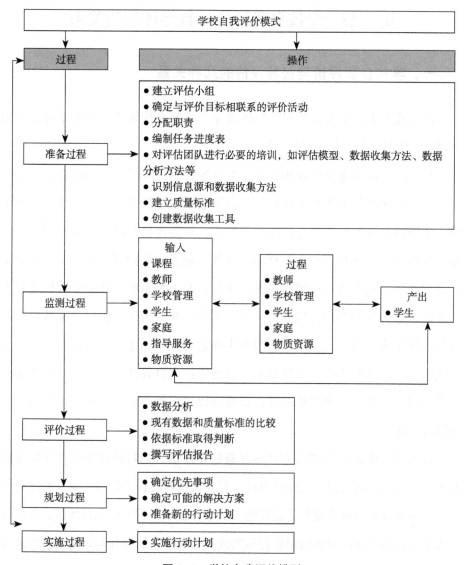

图 6-1　学校自我评价模型

资料来源：MSEZANE S B. School evaluation: approaches, frameworks, and indicators. // LEAL FILHO W, AZUL A M, BRANDLI L, et al. Quality education. encyclopedia of the un sustainable development goals [M]. Springer, Cham, 2020.

第二节　学校自我评价与督导评估的关系

一、学校自我评价与督导评估的几种关系

在实践当中，学校自我评价与外部评价或督导评估之间的关系可表现为并列式、序列式与合作式三种。❶

并列式，即两种评价互相独立，都有各自的评判标准，也都有各自的评判规则；督导评估更重视责任追究，自评更重视学校质量提升。比如，在美国，学校的自我评价主要是以改进为导向，外部评价是以考试为基础的，并履行问责职能，这是有很大区别的。另外，如果一个国家因为是重新开始实施自评办法，或者没有得到很精确的规范，而不是系统地在各个学校进行自我评价，这种并列办法是显而易见的。例如，在西班牙，由校长准备学校活动的自评报告，督导人员可以将报告中描述的材料用于外部评价，不过不会单凭学校的自评报告得出评估结果。督导评估和自我评价的方法在某些情况下是同时进行的，两者是相通的，都是以促进学校办学质量提升为共同目标的评价方法。

序列式，即以自评结果为基础开展督导评估，把自评作为教育质量保证制度的着力点；或者是学校开展自评，督导机构将其作为评价依据。在序列模式中，由督导机构负责履行问责职能。例如，在中国香港特别行政区，外部评价人员可以对学校的自评情况进行核实或提出疑问，并且外部评价人员的建议将反馈到学校自我评价。

❶ OECD. OECD Reviews of evaluation and assessment in education: new zealand [R]. OECD, Paris, 2011: 16; ALVIK T. Self-evaluation: what, why, how, by whom, for whom? [M]. Dundee: Scottish Consultative Council on the Curriculum, 1996.

合作式，即在评估结果形成共识的情况下，由督导机构与学校共同设计、实施评估；或由督导人员与校方共同商讨、谈判标准，综合评价，兼顾各方利益。不少国家鼓励或要求学校采用督导评估标准进行自评。尽管这在一定程度上可能会使两种评估的关注点趋于一致，但外部标准缺乏推动学校改进所需的背景信息。开展合作模式的国家很少，这是一种理想模式，需要督导人员提供一定的资源，实际操作中很难做到这一点。

基里亚基德斯（Kyriakides）等提出了从并列模式到序列模式再到合作模式的成熟度模型。❶OECD 建议学校应该以自我评价优化的方式建立外部评价，反之亦然。❷OECD 报告指出，由于外部评价可能导致博弈，而自我评价可能导致"自欺欺人"，因此单独依赖任何一种评价方式都存在缺陷。他们提出了一些外部和自我评价可以相互加强的方法。尽管学校对自己的情况最了解，但外部评价人员能够通过专业知识对学校提供更加严谨的判断。OECD 报告描述了许多在系统层面提高这种一致性的方法，其中包括为学校质量制定国家标准；开发适当的资源，供学校在自我评价中使用；确保学校外部评价具备有力的证据和合适的分析工具；确保学校外部评价程序的透明化。

二、学校自我评价与督导评估的平衡

学校督导和自评之间需要有一个平衡的过程。如果学校督导制度的目的是促进质量提升，而不是指向管理和问责制，则该项制度可以在促进和支持学校在全面质量保障战略范围内自我评价的效力方面发挥关键作用。在学校，督

---

❶ KYRIAKIDES L，CAMPBELL R. School self-evaluation and school improvement：a critique of values and procedures [J]. Studies in Educational Evaluation，2004，30（1）：23–36.

❷ OECD. School evaluation：from compliancy to quality. // Synergies for better learning：an international perspective on evaluation and assessment [R]. Paris：OECD Publishing，2013：383–485.

导人员、督导过程与自评的关联方式，都会深刻影响自评在实践中的发展程度。如果督导活动的设计能很好地补充和支持自评，督导活动就能有助于自评工作的开展，有利于加强其有效性。如果督导过程与自评无关，或对学校的自评活动置之不理，就有可能使学校的发展受到阻碍。

学校自我评价可以有不同的特点，不是一个高度受自上而下战略影响的过程，而是自下而上的影响比较多。在自上而下的情况下，国家或地方教育部门统一评价标准、程序或参考材料，学校按规定向督导人员提供自我评价结果的资料。但是，这种方法使自我评价人员无法把注意力集中到学校最有用的方面，从而限制了教育质量提升的效果。相比之下，自下而上的方法具有更多的参与性逻辑。学校教职工通过这种方法，根据自己的需要对自评标准、自评过程等进行调整，对国家和地方目标给予适当考虑。这样的逻辑使评价人员可以按照既定的目标和流程，充分地向与评价活动最接近的行为者下放评估责任。这种方式更容易促使校方以一种负责任的态度来对待学校。但是，这类自我评价也存在一些弱点，比如学校的自评者能力不足，或者在质量改善的决策中难以包容多样化的观点等。

最佳方案是两种方式相结合。教育主管部门通过各种方式影响学校自我评估的内容，如建议发布督导评估标准清单、提供准则和手册，或者提供让学校与其他学校进行对比的指标和数据。大多数情况下，教育主管部门只提供有关学校自评内容的建议，即使强制要求学校使用与督导人员一样的标准，也会做出适度调整，很少完全决定评估过程。比如，有的国家为了让学校进行自我评价，鼓励学校把自己的重点领域添加到国家标准的基础上。所以，很多国家往往会留有余地，采取自下而上的自我评价方式。这种导向也可以在督导实践中得到一定程度的体现。比如，督导人员根据评估报告与学校人员进行对话，或者鼓励学生、家长、当地社团等参与到督导中来。

三、学校自我评价与督导评估相互依赖的欧洲实践

在欧洲国家，由于学校的自我评价日益受到重视，与督导之间的联系也日益紧密，两者之间形成了一种相互依赖的紧密联系。欧盟《教育质量保障：欧洲学校评估的政策和方法》报告对两者的关系进行了详细描述。在欧洲大部分国家和地区，学校都会进行自我评估，同时也会接受督导人员的检查。两者之间普遍存在着相互依赖的关系，即督导人员更加充分地运用自我评价的结果。在学校督导和自我评价并存的国家及地区中，自我评价的结果是学校督导初期分析资料的一部分。督导人员详细了解所走访学校的情况，通过自评结果等信息来源，更好地围绕督导重点开展工作。

督导人员会考虑自我评价的结果，反之亦然。这里有三种可能的情况。

第一，学校督导部分基于自我评价形成的判断，即以资料收集为基础，在学校督导中使用自评结果。在欧洲的一些国家，督导人员部分基于自我评价报告形成判断。督导人员利用自评结果对学校进行初评后，才到学校实地考察。通过这种方式，督导人员对各校面临的具体情况进行了解，然后再进行督导。

第二，学校督导部分基于自评结果，自评可采用学校督导结果。它具体表现为督导人员将自评报告作为评价过程中的基础材料，并向各校转发督导结果，使自评工作有的放矢。在荷兰，学校自评成为督导工作的起点，亦是荷兰《2002年教育督导法》的一大特点。学校一定要根据自己的计划目标，对自己的质量进行判断。督导人员实施督导时使用这个判断，并将督导结果告知学校，督促学校在下一轮自我评价中参考督导结果。另外，各学校资料均在网上可查，质量卡中有学生成绩。需要指出的是，如果得到督导人员的支持和鼓励，就会有越来越多的学校开展自评工作。

在英国，任何一所学校的自评结果都可以成为学校督导的证据。在英格

兰和威尔士，地方教育主管部门（LEAs）会使用自评结果来监督学校的表现和法律遵守情况。不少地方教育主管部门与学校密切配合，收集支持学校自评的信息。国家和地方教育主管部门则反过来向学校提供包括学生成绩在内的国家和地方各种数据，期望学校能用这些数据为自评提供支持。举例来说，在英国，每个学校每年都会收到一份关于学生成绩和评估的报告，同时也包括同类校（根据学校表现数据与督导等级判断）对比的数据。在苏格兰，学校以自评的结果为基础编写质量报告，分享给学校、社区和当地教育主管部门；督导人员则参考报告结果进行督导。苏格兰教育行政部门为所有学校提供全国对比数据，学校则会参考这些数据来评估自己学校的质量。督导人员会对他们所督导的每一所中学，提供一份包含全国数据的学生成绩表，以及与特色相近学校的对比数据。

第三，教育督导部门监督自我评价的过程。最后一种情况下，学校督导实际上是对自我评价过程的评价。[1] 在中央制定或推荐的政策下，学校制定自我评价标准。在奥地利，学校督导的一个重要参照点就是自评成绩。学校督导部门越来越多地采用"元评价"的形式，即实施学校自我评价的评价。在冰岛，为了验证学校是否遵守程序，达到教育部所确定的目标，教育部与督导人员签订了一份合同，对学校制定的自我评估方法进行评价。爱尔兰总督学描述了自我评价的目的："我们的最终目标是让学校透明、准确地开展对自己的评价，并让督导人员参观这些学校，评价这些学校对自己的评价。"[2]

❶ BROWN M, MCNAMARA G, O'HARA J, et al. Inspectors and the process of self-evaluation in ireland. // JACQUELINE BAXTER. School inspectors policy implementers, policy shapers in national policy contexts [M]. Cham: Springer International Publishing AG，2018：75-89.

❷ HISLOP H. The quality assurance of irish schools and the role of evaluation: current and future trends—professor seamus ó súilleabháin memorial lecture [EB/OL].（2012-12-16）[2024-06-03]. http://www.education.ie/en/.

第三节　学校自我评价的特征及支撑条件

一、学校自我评价有效性的特征

（一）学校自我评价有效性的表现

1. 学校自评框架与督导框架保持一致

各国政府对学校自评体系的构建程度不同。几乎所有国家期望评价学校的总体情况，但在现实中，各国及地区实施评价政策的差异很大，很多时候必须让学校自主决策。有些国家例外，如要求学校必须使用和教育督导机构一样的框架，专门制定一个自我评估框架，或者由法律规定自我评价报告的内容。比如，在苏格兰，所有学校都采用了与学校督导相同的框架。在爱尔兰，为了应对读写能力和计算能力水平的下降，从 2012 年开始，所有学校都必须使用教育和技能部（Department of Education and Skills，DES）发布的学校自我评价框架，并为算术能力、读写能力及所有学科和课程的教学和学习制订三年改进计划。[1]

2. 多元利益相关方参与学校自我评价

大多数国家或地区都要求利益相关方广泛参与，包括教师、学生和家长，从政策上规定了参与自评过程的人员。有些学校发展了强有力的自我评价文化，通常也开辟了一条新的途径，即在适当的情况下，让学生参与自我评价过程的设计中和所采取的行动措施中。

---

[1] BROWN M，MCNAMARA G，O'HARA J，et al. Inspectors and the process of self-evaluation in ireland. // JACQUELINE BAXTER. School inspectors policy implementers，policy shapers in national policy contexts [M]. Cham：Springer International Publishing AG，2018：71-94.

3. 鼓励学校充分运用自我评价的结果

学校很大程度上有自主权决定使用自评结果的方式。教育主管部门一般会出台政策导向，鼓励学校利用自我评价的结果来改善学校的办学质量。在一些国家和地区，学校必须使用自我评价的结果来制定战略文件，并列出改善措施，诸如爱尔兰、西班牙、奥地利、英国和北爱尔兰等国家。只有部分国家发布自我评价的结果，如爱尔兰、荷兰和冰岛等。❶ 此外，学校还与管理机构共享自评结果和发展计划。在一些国家和地区，更广泛地通过各种传播媒介与家长分享自我评价的结果。

4. 国家及地区教育部门为学校自我评价提供必要支持

在实际操作中，自我评价的执行方法千差万别。在一些国家和地区，由于缺乏外部指导或支持，学校依靠自己开发评价工具。而在大部分国家和地区，政府投入更多资金用于建设学校自评能力和改善计划。

几乎各国都有支持学校自我评价的工具和措施。无论自评是强制还是推荐，所有学校至少都获得了一种辅助自评的措施。这些措施包括自我评价专业能力的培养，外部评价框架的使用，提供具体的指南和手册、网络论坛、外部专家的建议、财政支持等。❷ 在德国、爱沙尼亚、爱尔兰、西班牙、奥地利和英国等国家，学校有五种或更多不同类型的支持措施可供使用。提供指南和手册是最常见的方式。仅有西班牙等少数国家的学校能够获得财政支持。欧洲 2/3 的国家和地区将指南和手册当作自我评价的常用工具。这一趋势与近年来许多国家强制性考试机制相吻合，也与一些国家将综合考试成绩提供给学校有关。

---

❶ European Commission/EACEA/Eurydice. Assuring quality in education：policies and approaches to school evaluation in europe [R]. Luxembourg：Publications Office of the European Union，2015.

❷ EUROPEAN COMMISSION. Better learning for Europe's young people：developing coherent quality assurance strategies for school education [R]. Luxembourg：Publications Office of the European Union，2018.

5. 学校保持精益求精的自评方法

在以改善为目标的自我评价模式中，其主要目的是使用国家提供的培训、工具和资料，为学校的质量规划提供证据。很多国家经过多年实践经验发现，自评重要的是简单和灵活。学校当然要考虑国家的重点工作，也就是整个系统要共享清晰的愿景，但是学校也要有充分的自由来为满足自己的重点工作而设计自我评价和发展方案。决策者确保学校不受自我评价报告要求的拖累，即以冗长复杂的标准格式提供自我评价报告，避免被中央政府制造的过多数据"淹没"。

爱沙尼亚较好地将学校自我评价嵌入学校日常实践。❶ 在学校实施自评的时候，国家已经制定了一些范例供学校使用。在示范校，校长们强调要根据自己的需要、条件和学校现有的流程调整实践。最初推荐的样本模型比较宽泛，但在报告撰写上很费时间。于是，示范校针对自己的需求，制定了自己的数据收集流程，采用了更符合实际的报告格式。

（二）学校自我评价有效性的实践——以爱尔兰为例

爱尔兰教育和技能部认为，在这个新时代，学校督导的角色变得更有间接意义。现在的任务是，在教育督导部门保障自评过程的同时，为学校设置参数、标准和方法，让学校承担起质量把关的责任。期待学校通过制度和强有力的途径推行自评，让政府绩效问责满意，让公众信心满满。

为了解决学生读写能力和算术能力水平下降的问题，2012 年，教育督导局制定了一套全面的学校自评准则，当时的教育部部长这样描述其目的:《学校自我评价指南》（以下简称《指南》）将支持学校对其工作进行评价，并为改

---

❶ EUROPEAN UNION. Comparative study on quality assurance in eu school education systems—policies, procedures and practices [R]. Luxembourg: publications house of European Union，2015.

善教学和学习制定目标。从 2012 年开始，爱尔兰所有学校被要求使用由教育督导局设计的学校自我评估框架，并制定三年的改进计划，用于读写能力、算术能力和教学的各个方面。

现在，爱尔兰所有的学校都要按照《指南》进行自我评估。此外，在包括统计分析各校考试成绩在内的评价和所采用的方法上，《指南》都给出相当规范的指导。《指南》包含强制标准化考试、出勤率和早退数据及家长和学生的意见调查，同时也敦促将这些数据用于教学管理和同行评估，这在爱尔兰是一个极具争议性的程序。所有这些数据都将用于制定一个简短但具体的改进行动计划，包括在评价领域设置明确的目标，如读写标准。

DES 要求所有学校从 2012—2013 学年开始进行自我评价，以确保所有学校都参与到自我评价的过程中。另外，自评过程一定要按照督导局编写的《指南》进行。此外，由于一些原因，如爱尔兰在 2010 年受到"PISA 冲击"，DES 还要求学校自我评价的重点是学生读写、计算能力或教学的一个方面。随后，学校从上述选项中重新选择。因此，在四年期间，学校需要提供包括读写能力、计算能力和教学在内的学校改善计划（School Improvement Plan，SIP）。图 6-2 提供了 SSE 在此期间的样本时间表。

爱尔兰从国家战略层面重视学校自评，经过长期的实践探索，形成六步骤学校自评模式。这种模式是迭代的，表现为重复分析周期或根据需要回到前一阶段的周期。日积月累，这样做有助于教师建立专业知识。教师通过观察、分析、解释学习证据，建立专业知识，并为提高成绩而采取行动。❶

---

❶ Department of Education and Skills. School self-evaluation guidelines 2016—2020：post-primary [EB/OL].（2016-02-08）[2024-04-08]. https://assets.gov.ie.

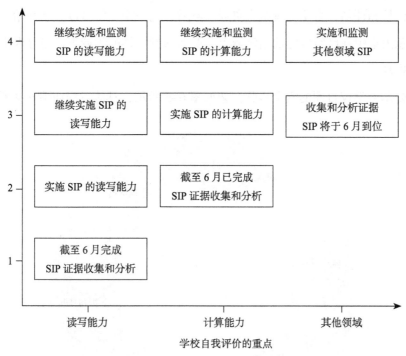

图 6-2 爱尔兰学校自我评价时间表（2012—2016 年）

资料来源：BROWN M，MCNAMARA G，O'HARA J，et al. Inspectors and the process of self-evaluation in ireland. // JACQUELINE BAXTER. School inspectors policy implementers，policy shapers in national policy contexts [M]. Cham：Springer International Publishing AG，2018：71-94.

　　该过程的考察阶段大致由《指南》的前三个步骤概括而成。这个考察阶段可在"以四年为一周期"的第一年进行，用来确定和制定改进方案，并为推行做准备。首先，学校自评过程起始于教师基于自身对学校环境的认识，确定关注和探索的领域，然后对所选领域进行取证，再分析证据，判断学校现在的优势和需要完善的地方。其次，保证学校保留评估记录，并对改进行动进行描述。这个步骤一般发生在考察期间和考察结束阶段。学校的自评报告和提高方案将分享给学校成员。最后，将改进方案付诸行动，并在其三年的执行过程中加以监控和评估，直至实现融会贯通。然后，这一循环就可以重新开始，要么将注意力集中在已经确定的新领域上，要么回到同样的领域里，去寻求更进一步的提高。

爱尔兰学校自评的六个步骤框架如图 6-3 所示，具体过程如图 6-4 所示。

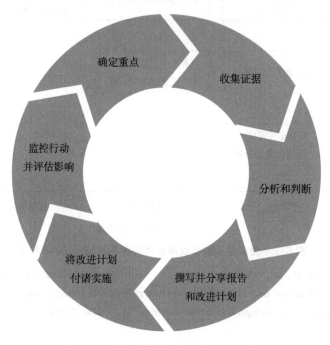

图 6-3　爱尔兰学校自我评价的六个步骤

第一步，确定重点，包括确定调查的重点。学校社区的成员需要基于对自身环境的感受，以及认为学校可能在哪些方面具有探索改进的潜力，确定希望调查的一个具体方面。

第二步，收集证据。学校自评过程的侧重点一旦确定，如哪些地方工作做得好、哪些地方能提高，学校就能收集证据，做到心中有数。平时要多方收集资料，资料或证据类型将视各校评估的侧重点而定。从教师、学生、家长、管理、课堂等学习环境在内的多个来源都可以收集到定量和定性的数据。重要的是，要保证所收集的数据具有可管理、有用且重点突出。信息收集过多，可能会使这些重要考量因素大打折扣。

第一步：确定重点	教与学			
	考虑质量框架概述确定与你的学校最相关的领域			
第二步：收集证据	学生成果	学生体验	教师个人实践	教师集体/合作实践
	调查你关注的领域			
第三步：分析和判断	不是有效的　　　　　　　　　　　　　非常有效的			
	用实践陈述法来评估当前实践的有效性			
第四步：撰写并分享报告和改进计划	记录你的发现并制定学校改进计划			
	与家长和学校社区分享这一记录的摘要			
第五步：将改进计划付诸行动	班级层面的行动 学科部门学年的行动 学校层面的行动			
第六步：监测行动并评估影响	实践的变化 老师的体验 学生的体验 对学习的影响		根据需要进行调整	

图 6-4　爱尔兰运用六步骤进行学校自我评价的流程

资料来源：Department of Education and Skills. School Self-evaluation guidelines 2016—2020：Post-Primary [EB/OL]. [2016-02-08]. https：//assets.gov.ie.

学校将分析评价数据和学生进步记录作为起点，而教师观点和学生记录都是很有用的佐证。保证别人的看法成为依据的一部分也是非常重要的。学校要收集学生和家长的资料，保证证据充足、判断准确。在收集证据时，关注教与学的具体方面，教师之间的专业反思与对话至关重要。随着教学人员协作实践的进一步开展，团队教学和专业协作评估将成为数据收集的有效手段。

爱尔兰还开发了支持有效收集数据的样本工具，学校可以根据自己的具体情况做一些调整。

第三步，分析和判断。对数据进行分析并得出结论。学校应该确定、肯定和赞扬其在被评价的实践方面所取得的优势，同时也应当承认需要优先改进的地方。学校要用教育部颁布的实践陈述准则，充分考虑学校的情况，尽可能客观地判断质量。实践的陈述分为有效、无效两种。有效实践的陈述描述了在胜任能力和有效水平上运行的实践，高效实践的陈述描述了非常有效和成功的实践。以自我评价的方式进行实践陈述，一个典型的学校可能会发现，它的实践在许多领域与有效实践的陈述相对应，并且在某些领域的工作中，它的工作是十分有效的。还可以确定需要发展和提高的领域，以达到有效实践的水平。这些陈述也会帮助学校从"有效"向"非常有效"的实践领域发展。

第四步，撰写并分享自我评价报告和改进计划。学校保存自评记录；计划如何改善课程领域或被评价的教与学方面；并与学校社区共享评价结果和改进方案。学校的自评报告和提高计划一般不超过三页纸，平时一年完成一次。

报告分为两部分。第一部分应概述前一年实施改进工作所取得的进展；选择新的教学方面的自我评估；学校优先考虑改进的领域。第二部分是提高计划。这部分要勾勒出学校想要达到的提升目标，以及为了达到目标而采取的行动。学校将制定的具体目标作为抓手，在根据相关信息或证据形成判断后，将形成具体、可衡量、可实现、相关和有时限的（S=Specific、M=Measurable、A=Attainable、R=Relevant、T=Time-bound，SMART）目标，从而促进质量提高。

这是一个重要的步骤，可以确定需要采取哪些行动，包括关注学习者成果的改进目标，在三年内为提高目标采取的行动，以及哪些人会采取行动、哪些人来监督进展、家庭如何提供帮助、达成目标的时间框架等内容。最后，要求学校将自评报告总结和提高方案分享给全校社区成员。

第五步，实施改进举措。这是一个至关重要的步骤，贯穿始终。只有以实际行动落实了提高计划中的项目内容，才能提高学校的各项工作质量。所有相关的学校人员都应该分享在教师、学科部门或全校层面实施行动的所有权。这些行为应该成为正常教学过程的一部分。

第六步，监测行动并评价效果。要评估行动成效，就要实施监测。在持续系统地监测计划执行过程中，领导者和所有教师所扮演的角色至关重要。对此，每隔一段时间就要进行信息的收集和使用，以检查行动的改进是否得到落实。

最后，实施学校改进方案，最终让学校的自评工作开启一个新的周期。

二、数据支持学校自我评价的特征

随着信息技术迅猛发展，学校可利用的数据也越来越多。因此，基于数据的决策（Data-Based Decision）可看作学校利用数据进行自我评价的一种形式。通过使用分析、解释等数据，对学校层面、课堂层面和学生层面的运行功能进行评价，促进学校办学质量的提高。一项研究显示，利用这种类型的数据，对提高学生成绩有很大的促进作用。[1]

自我评价作为一个提高周期，通常涉及收集数据，以便学校判断其在某

---

❶ CAMPBELL C，LEVIN B. Using data to support educational improvement [J]. Educational Assessment, Evaluation and Accountability，2009，21（1）：4765.

一特定领域的表现如何；确定强项和需要改进的领域；制定和实施导致改进的行动。数字化自我评价主要由学校教师、管理人员与其他学校利益相关者，如家长、学生和学校社区的其他成员，在课堂或学校层面共同实施。❶

（一）数据类型及来源

数据的定义为任何"收集和组织代表学校某些方面的信息"。❷ 近年来，以数据为基础的决策领域已经从关注数据来源（标准化评价数据）和结果衡量标准（学生成绩），发展到使用各种数据源和广泛的结果衡量标准。前者如课堂观察、学生数据和家长调查，后者如学生成绩、学生学习和福祉。❸

马什（Marsh）认为，数据从简单到复杂可以沿着五个维度变化。①时间框架，横截面数据与纵向趋势数据；②类型，一种或多种类型，如输入、过程、结果和满意度数据；③数据来源，一个与多个来源，如来自多人或小组的数据；④收集来源，包括主要数据与次要数据；⑤详细程度，包括汇总数据与非汇总数据。❹ 马什（Marsh）还提供了不同类型数据的示例，包括毕业率、辍学率、考试成绩、增值数据；学生人口统计数据；教学质量、学习环境调查、学生参与度、课堂观察、课堂教学视频，以及教师、学生、家长的意见。❺

――――――――

❶ O'BRIEN S, MCNAMARA G, O'HARA J, et al. Irish teachers, starting on a journey of data use for school self-evaluation [J]. Studies in Educational Evaluation, 2019, 60：1–13.

❷ SCHILDKAMP K, VISSCHER A. Data-centered school self-evaluation in the Netherlands：characteristics and prerequisites [J]. Advances in Program Evaluation, 2014, 14：233–252.

❸ ELLEN B, MANDINACH, SCHILDKAMP K. The complexity of data-based decision making：an introduction to the special issue [J]. Studies in Educational Evaluation, 2021（69）：100906.

❹ O'BRIEN S, MCNAMARA G, O'HARA J, et al. Irish teachers, starting on a journey of data use for school self-evaluation [J]. Studies in Educational Evaluation, 2019, 60：1–13.

❺ MARSH J A. Interventions promoting educators' use of data：research insights and gaps [J]. Teachers College Record, 2012, 114（11）：1–48.

斯卡普（Schildkamp）认为，按来源可以将数据划分为正式数据和非正式数据两种。正式数据包括学生、家长、学校领导和教师及学校所在社区等任何系统收集的相关信息。这些数据可以是定性的，也可以是定量的。❶非正式数据包括教师在日常实践中收集学生的需求信息。例如，观察学生，学生对话与学习评价，以增强持续学习的方式寻求、反思和回应对话、演示和观察的信息。这些数据通常能快速收集和获取，被称为即时性数据，有时也被称为专业判断或直觉数据。❷除了标准化数据，其他定性或非正式数据（如单元测试、课堂作业、家庭作业）可能会有助于对学生有更全面的理解。这些数据可以在学习评价方法中作为形成性评价的一部分收集。❸因此，有用的数据不应该局限于采用标准化手段收集的数据，而应该包括前述的非结构化数据。❹

（二）数据支持自我评价模式——以荷兰为例

荷兰是较早运用数据开展学校自我评价的国家。经过长期探索，形成了两个较为成熟且被普遍应用的自我评价项目，即焦点项目、数据团队项目。斯卡普（Schildkamp）在这方面的研究比较多。❺两个项目的具体情况如下。

---

❶ SCHILDKAMP K，POORTMAN C L，HANDELZALTS A. Data teams for school improvement [J]. School Effectiveness and School Improvement，2016，27（2）：228–254.

❷ VANLOMMEL K，SCHILDKAMP K. How do teachers make sense of data in the context of high-stakes decision making? [C]. Paper presented at the International Congress for School Effectiveness and Improvement，Singapore，2018.

❸ HEITINK M C，VAN DER KLEIJ F M，VELDKAMP B P，et al. A systematic review of prerequisites for implementing assessment for learning in classroom practice [J]. Educational Research Review，2016，17：50–62.

❹ SCHILDKAMP K. Data-based decision-making for school improvement：research insights and gaps [J]. Educational Research，2019，61：3，257–273.

❺ SCHILDKAMP K，VISSCHER ADRIE. Data-centered school self-evaluation in the netherlands：characteristics and prerequisites [J]. Advances in Program Evaluation，2013，14：233–252.

1. 焦点项目

在焦点（Focus）项目中，150 支荷兰小学团队（约 3000 名学校工作人员）接受为期两年的培训和指导，学习以系统和目标导向的方式最大化提高学生的核心科目成绩，使用数据为学校决策提供信息。教师们需要学习以下几个方面，即如何充分运用学生监测系统数据准确获得学生的起始信息；为所有学生设定具有挑战性成就和专题内容的目标；设计完成目标的路线，做到有的放矢；贯彻学校规划路线和组织教学等工作。焦点周期如图 6-5 所示。

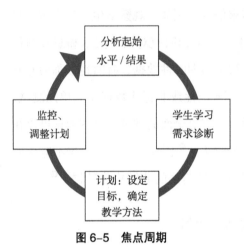

图 6-5　焦点周期

该项目认为，首先，在课堂和学校层面设定具有挑战性的目标，可能会促进教师教学质量、学生成绩的提升。使用数据的目标是提供与学生需求相匹配的教学，从而提高教学质量，并提高学生的成绩。其次，包括教师、校长、教练在内的学校团队要对课堂成绩进行分析，制定绩效目标，在全校范围内设计课堂策略，争取更好的成绩，同时鼓励校董事会与校长共同商讨成果，形成学习型组织。在此过程中，该项目的结果将与国家基准比较，每年进行两次焦点周期活动。

2. 数据团队项目

在数据团队项目中，由 46 名中学教师、1 名数据专家和 1 名校领导组成 37 个数据团队，还由一名大学研究人员对数据团队进行为期两年培训和指导，共同解决学校面临的具体教育问题，并采用数据和结构化的方法解决教育问题。学校领导是数据团队的重要成员，他们为解决教育问题贡献智慧，也能提出新的假设。此外，学校领导参与有助于确保数据分析过程结束时开启行动计划。这样一来，团队就不用再解释自己一直在做什么，以及为什么要这么做。最后，学校领导参与，也显示了数据团队工作的重要性。

　　一些数据团队负责研究学校层面的问题，比如学生的留级问题；另一些数据团队则研究数学成绩低等课堂层面的问题。数据团队遵循八步程序来学习如何使用数据解决问题（见图6-6）。数据团队每2~3周召开一次会议。

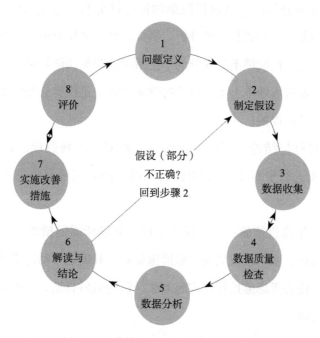

图6-6　数据团队学校自我评价流程

资料来源：SCHILDKAMP K, HANDELZALTS A, POORTMAN C. Data teams for school improvement [C]. Paper presented at the American Educational Research Association Conference, Vancouver, Canada, 2012.

数据团队八个步骤程序如下。

　　第一，定义问题：团队决定主要的教育问题和需要解决的目标。例如，如果数据团队决定把重点放在留级的问题上，那么团队在这个步骤首先要做的事情就是收集学生留级数据，如学校每个年级有多少留级生。

第二，提出假设：如学生留级是由于什么原因造成的。

第三，数据收集：数据团队采集数据对假设进行检验。可收集评价数据、督导报告和督导结果等几种类型的数据，既有定量数据，也有定性数据。

第四，数据质量检查：收集到的数据是否有效、可靠？

第五，数据分析：可以包括简单的描述性分析、总结访谈性数据分析，也可以包括相关、回归更复杂的分析。例如，在一项研究中，一个数据团队假设学校政策规定，让成绩不足5分的学生留级。数据团队收集了学生成绩单和留级生数据，发现成绩单上5分以下的学生实际上是没有必要留级的。这一假设后来被证明是错误的。

第六，解释与结论：当假设有误时，需要提出新假设。数据团队收集更多的数据（返回步骤2），如果假设正确，团队则根据收集到的数据做出结论。

第七，实施改进措施：团队描述了解决问题所需的措施，同时也描述了与此相关的目标。团队让成员对实施措施负责，并确定可动用哪些资源解决问题。数据团队还会考虑监控行动实施方法，设定最后日期，并确定需要哪些数据支撑有效行动。

第八，评价：行动是否有效？目标达到了吗？问题解决了吗？团队满意了吗？要对这些行动进行评估，就需要收集新的数据。这个过程一直持续到达成优先事项，并达到预期目的。在这种情况下，团队可以回到步骤1解决新问题。

在数据团队项目中，学校领导和教师学会了如何制定包含明确目标的问题定义。对于数据团队成员来说，讨论目标是很有价值的，可以给大家一个共同的起点。几位教师说，数据团队的目标是双重的，既能解决教育中的具体问题，又可以学习数据在教育中的应用。

在焦点项目中，首先由学校制定绩效目标。有的学校由大家合作制定目标，通常会促使更多的目标达成；有的学校则由校长制定目标，教师往往也获知这些目标，这种方式有利于完成目标。

在数据团队项目中，数据团队成员非常认可八步骤程序。对大多数教师来说，系统使用数据相当新鲜，这为他们提供了工作结构。焦点项目循环促进了学校和教师不只因为督导组要求而参加测试，而是将数据用于学校自我评价。例如，使用数据分析产生结果的原因，为下一次测试设定目标，并为达成目标规划策略。如果没有这个循环和与之相配套的协议，利用数据来提高业绩的活动很可能就无法开展。

三、学校自我评价的效果及支持条件

国际上的证据显示，学校的自我评价带来了一些积极的变化。如学校质量提升，反思能力有所提高；对学校需要提升的领域更加敏感，为提升计划提供目标和行动信息；确定教师专业发展的需求；对变革有更大的自主权；增加专业学习；调整课程教学内容或组织结构；有针对性地对学生给予支持。❶

还有一些研究表明，当自我评价更加准确、学校改进重点更加具体时，学生成绩将会得到最大化提高。❷ 当学生的学习成绩不佳时能够被及时发现，

❶ NELSON R，EHREN M，GODFREY D. Literature review on internal evaluation [R]. London: Institute of Education，2015.

❷ GODFREY D. From external evaluation, to school self-evaluation, to peer review. // DAVID GODFREY. School peer review for educational improvement and accountability：theory，practice and policy implications [M]. Cham：Springer Nature Switzerland AG，2020.

有针对性地加以改进；当学校开始监测学生数据，围绕学生成绩、分析数据来提高教学技能和知识的时候，对教师的教学实践进行变革的可能性就更大了；当教师将学生成绩归结为自身教学而不是外在的原因时，学校的自我评价会产生积极的结果，并能够提高教师的集体效能。相反，当教师和领导在使用或实施自我评价时使用了非正式的方法，且得不到支持时，当学校领导无法准确地解释数据时，当没有留出时间来解释或根据收集到的数据采取行动时，自我评价成效就会打折扣。

有效自我评价的条件保障是什么呢？可以肯定的是，自我评价在条件没有保证的情况下，面临的问题和挑战就更多。例如，爱尔兰从 2012 年开始正式实行自我评价，但由于缺少若干支持条件，问题比较多。

第一，教师缺乏理解规划、收集数据及评价的能力，自我评价变成纸上谈兵。教师对规划的理解和如何收集评估资料，都应该在建立学校发展评估机制时加以考虑，否则将增加失败的可能性。学校人员缺乏进行有意义、有价值的评价能力。比如，校长等自评人员通常没有接受过开展研究、收集数据、数据管理或数据解释方面的培训，因此导致信息环境的缺失和评价技能的欠缺，造成对有价值的信息要么忽视、要么滥用，最终形成了"没有任何经验证据的纸上谈兵式的分析"。❶

第二，支持力度不够，限制了学校质量的提高。首先，学校缺乏改进动机。研究还表明，如果评价后缺乏支持，学校推动质量提升的动力将被削弱。因此，需要持续的支持，让学校从遵守基本的评价任务转向运用基于研究的、专业的方法提升办学质量。其次，难以产生数据驱动教学质量提高的

---

❶ VANHOOF J，VAN PETEGEM P. Matching internal and external evaluation in an era of accountability and school development: Lessons from a flemish perspective [J]. Studies in Educational Evaluation，2007，33：101–119.

效果。如果没有足够的支持和培训，以数据为驱动提升教学质量的方法就会收效甚微。

第三，影响督导人员对学校自我评价可靠性、有效性的信任。当自评人员的能力不足，在涉及自评报告的可靠性、有效性等问题时，将会对与督导人员之间的信任度造成负面影响。

有效的自我评价需要系统支撑条件，否则就变成了自欺欺人，或上文提到的负面影响。现实中，大部分国家既有学校督导评估，又有学校自我评价。这些国家为了寻求适当的平衡，采取了一系列措施旨在增强自我评价的效果，同时又不削弱学校在这一过程中的权力，并试图使自我评价能力建设和支持成为创建双重评价文化的必要内容。因此，较多文献研究了有效自我评价的条件，具体包括以下方面。

第一，制定一套全国性的教育质量指标供学校从中选择，学校自我评价最好与外部学校督导使用同样的指标。

第二，学校领导要重视探究型文化的发展，对学校自评的重要性给予认可。

第三，学校教职工需要培养评价素养，即如何使用与研究相关的探究技能。地方或学校为相关人员提供关于自我评价技能的培训，包括如何生成、分析和解释数据，以及用于行动研究和质量提升项目。

第四，学校需要合适的资源，特别是在数据收集采集方面需要使用有效的、经过验证的工具，而且在数据分析方面需要足够的时间。地区对学校的自评预期明确，对有充分时间进行自评的学校给予相关扶持和指导；各地提供学校标准化考试成绩等数据资料，使学校与所处社会经济环境类似的学校进行比较，能够看到自身的发展和成果。

第五，外部合作伙伴，如大学、研究机构或社会组织等能够提供重要支持，学校和合作伙伴之间需要发展信任的氛围。

第六，鼓励学校参与同行评议活动，与配对学校开展合作和质量提升活动。学校自我评价的支撑条件如图 6-7 所示。

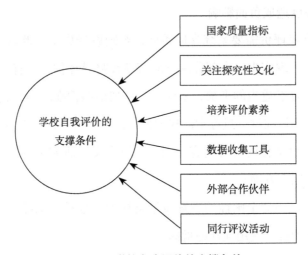

图 6-7　学校自我评价的支撑条件

第四节　网络治理模式下的学校同行评估

学校网络发展可被视为实现政策目标的新的社会协调方式，这是教育体系非中央集权的自然结果，横向治理已成为协调的主要形式。学校合作网络的兴起及其多样化发展对传统的督导模式提出了挑战。与对上、对外负责相比，合作网络更强调对自己负责和对同伴负责，由此引出自我评价和同伴互评的理念与实践。❶学校网络由多个学校组成，督导对象从单个学校质量转移到整体

---

❶ 丁笑炯，孙丽君 . 欧洲学校合作网络的发展及其对教育督导的变革 [J]. 比较教育学报，2021（6）：
61-71.

学校网络功能和表现，着眼于多个利益相关者的表现。网络治理背景下的学校同行评估作为一种新型督导，秉持建构主义和多元主义的理念，使督导成为一个不断生成新知识的过程。

在学校网络发展的大背景下，除了实施学校督导，同行评价是自我评价的一种成功做法。这种向同行学习的运动在一定程度上往往发生在成熟的教育体系中，即由自上而下的学校督导主导转向专业问责主导。另外，在很多国家，提倡用网络的手段来推动学校的发展，比如英国的学校伙伴项目（Schools Partnership Programme，SPP）和我国的集团化办学。同行评估可被视为网络自身评价和改进战略的重要组成部分，具有推动学校改进的潜力。OECD 的一份报告指出，同伴学习特别有效，可以促进学校形成自省文化，防止学校在拥有高度自治的制度下形成防御性文化。❶ 通过伙伴关系，学校团体可以激发学校网络、同辈之间的沟通、分享和批评实践，培养共同的方向感。❷

一、同行评估概述

（一）同行评估的概念

同行评估属于学校自我评价。学校同行评估是由学校或学校学科组、年级组的同行进行的评价。学校指定工作人员在网络、伙伴关系、集群等方面与其他学校合作，对学校评估的访问资料进行收集和分析。这些访问通常是基于学校对自己的考察结果进行验证或挑战的一种自我评价。评议组生成评价报告供学校内部使用，并对结果进行汇总，提出意见和建议。在部分评估中，采用

---

❶ OECD. Synergies for better learning: an international perspective on evaluation and assessment [R]. Paris: OECD Publishing, 2013.

❷ 同 ❶.

参与式评估方法，评估者与实践者相互配合，在评估过程中囊括了广泛的利益相关者。❶

在大多数的同行评估项目中，通常会涉及一定的相互性或互惠性的形式，表现为学校可能会签署一份访问协议，该校的评价人员也可能访问另一所学校。在大型组织中进行同行评估，如英国挑战伙伴（Challenge Partners），可能会在更大的网络成员中进行互动，学校可以召集同行对某一领域进行评价，或者应要求召集自己的员工到其他学校进行访问。在学校访问中，评价人员在评价东道国学校的同时，学习新的政策和做法。

同行评估提供反馈、批判性的友谊及对学校自我评价的评估，支持其他学校提升教育质量，通常是一种形成性评价。一般而言，同行评估项目由外部机构，如社会机构、高校组织促进和认证，但许多学校、地方主管部门和网络都设立了自己的项目，并为同行评估制定了自己的周期和计划。同行评估不等同于学校内部同行观察或其他校内同行辅导或学习，也不等同于网络学习社区或研究性学习社区，这些活动可能涉及数据分析和协作式探究，但不涉及学校现场访问。❷同行评估通常是自愿的，但一些国家（如英格兰）已开始在学校自我评价中嵌入同行评估。

（二）同行评估的问责

为了加强内部问责，促进学校质量提升，需要建立将个人责任、集体期

---

❶ COUSINS J B，EARL L M. The case for participatory evaluation [J]. Educational Evaluation and Policy Analysis. 1992，14（4）：397–418.

❷ GODFREY D，EHREN M. Case study of a cluster in the national association of head teachers 'instead' peer review in england. // DAVID GODFREY. School peer review for educational improvement and accountability：theory，practice and policy implications [M]. Cham：Springer Nature Switzerland AG，2020：95–100.

望和改进行动结合起来的合作文化。❶ 为了促进学校领导系统成熟，超越一味遵守外部问责制，哈格里夫（Hargreaves）提出了联合实践发展、伙伴能力和合作资本三个关键的驱动因素。第一个维度涉及联合实践活动，即两者或两者以上相互作用和影响，关注教师的专业实践、发展而不是简单地"转移"这种实践。第二个维度以信任、互惠及评价和挑战为特征，要求结合高度的社会资本，具备集体的道德目标。与这些要素相结合，合作资本的增加效应会使学校成果大于各部分的总和。❷

作为一种自我评价的形式，同行评价适用更广泛的学校问责框架，并可能在其他评价形式实现的基础上，额外增加问责层面的制度。厄利（Earley）认为，在学校系统中有四种问责，即道德问责（对学生、家长、社区）、职业问责（对同事和同行）、合约问责（对雇主或政府）、市场问责（对顾客、让他们有选择权）。❸

很多国家都非常强调后两种问责形式，往往是由中央评价机构来负责，要求学校承担责任，很大程度上具有总结性功能。前两种方式都不太受关注，应该给予更多重视，而大部分的同行评估活动则是基于前两种问责形式，从学校"挑战伙伴"项目的合作承诺中就能体现出来。❹ 也就是说，道德层面虽然提供了合作的理由，但它是通过同行提供的挑战与支持来达成的。这种职业问责的形式可以看作许多行业，特别是有所谓希波克拉底誓言的医学领域固有的

❶ FULLAN M, RINCÓN-GALLARDO S, HARGREAVES A. Professional capital as accountability [J]. Education Policy Analysis Archives, 2015, 23（15）: 1–17.

❷ HARGREAVES D H. A self-improving school system: towards maturity. National College for School Leadership [EB/OL]. （2019–02–25）[2023–12–07]. https: //dera.ioe.ac.uk.

❸ EARLEY P, WEINDLING D. Understanding school leadership [M]. London: Sage, 2004: 23.

❹ MATTHEWS P, HEADON M. Multiple gains: an independent evaluation of challenge partners' peer reviews of schools [M]. University College London: UCL Institute of Education Press, 2015: 35–67.

延伸。吉尔伯特（Gilbert）引用了一位大学校长对教师标准的建议，"在你的学校系统内保护和提高学生的教育""以最符合所有学生利益的方式与其他同事和学校合作"。❶ 在教师参与同行评议过程中，专业问责和道德问责的要素在这里都有明确的例证。

OECD 教育与技能部门主管安德烈亚斯·施莱谢尔（Andreas Schleicher）强调了专业问责的重要性，"教师并没有受到太多行政主管部门的问责，主要是由同行教师和校长来问责"。❷ 同行评估向更广泛问责转变，补充了教育督导纵向问责制度缺失的问题。❸ 同行评估在许多强调学校网络的国家，提供了一种选择，以提高此类问责等级，并与现有的纵向机制形成互补。

（三）同行评估有效性特征及支撑条件

随着学校网络治理水平的提高，越来越多的国家尝试开展同行评估。而过多的同行评估模式，可能会造成这种评价的严谨性和有效性不足。英国全国校长协会（National Association of Head Teachers，NAHT）建议有必要对现有的同行评估进行再评估，以确定有效实践的特征，从而制定全国性的同行评估标准。❹ 欧洲一些项目非常重视同行评估的流程、手册、指南、工具和标准的制定，在欧洲范围内促成了标准，并被多个国家采用。同行评估的应用总体上仍显滞后。迄今为止，每一个参与设计和支持同行评估的机构都制定了自己的标准；而近年来，NAHT 基于英国现行问责体系的综合评价，

---

❶ GILBERT C. Towards a self-improving system：the role of school accountability. National college for school leadership. [EB/OL].（2012–03–05）[2019–02–13]. http://www.learnersfirst.net.

❷ SCHLEICHER A. World class：how to build a 21st-century school system [R]. Paris：OECD，2018.

❸ GRAYSON H. School accountability in England：a critique [J]. Headteacher Update，2019，1：24–25.

❹ NAHT. Improving accountability. Report of the NAHT accountability commission. National Association of Head Teachers [EB/OL].（2019–06–07）[2024–05–09]. https：//www.naht.org.uk.

成立了自己的问责委员会，并将同行评估纳入其中，这种成功模式获得了更多的肯定。

由迈克尔·富兰（Michael Fullan）等学者、校长和项目实践者经过多年实践，共同提出支持同行评估有效性的几个特征。一是提高而不证明。同行评估 3 个月后，再开展探究式、非评判式的事后评估，探求提质成效。二是要保持好奇心，愿意接受询问。开展探究性、求知性的实践，即在整个评价中保持高效提问的实践。三是保持开放、虚心学习的心态。不管是主办学校还是评估团队，都是同样开放的，愿意通过对自己和他人假设的发现、挑战，给予和接受反馈，而不是而做出判断。四是证据翔实。评价者采取的取证活动，是为了对主办学校的咨询领域做出回应。五是强化组织。全程全员参与，对所评事项达成一致意见，并在后续完善工作座谈会上有所行动。六是实践互惠。通过学校之间的相互评价体现互惠的承诺，在这种情况下，信誉来自同行评价团队的技能，而不是学校的当前表现。

可以从挑战合作伙伴项目中总结出有效同行评估具备的几个条件。❶❷ 这些条件表现如下：第一，保持独立性。评估人员要与被评估者保持足够的距离，这样才能保证诚信、公正地评估学校或网络。评价人员不应该根据与自己学校的比较结果来进行评价，而应该询问被评学校在做什么，效果有多大。第二，与学校一起评价。与其给人一种被"忽悠"的感觉，不如和校领导一起评估，来一场专业对话。评估重点区域，满足学校的需要和期望。学校领导和教职工都乐于接受反馈意见，并乐于付出接受评价所需的时间。第三，拥有一支素质过硬的评估队伍。具有训练有素、技术精湛、督导方法经验丰富的首席评

❶ MATTHEWS P，HEADON M. Multiple gains：an independent evaluation of challenge partners' peer reviews of schools [M]. University College London：UCL Institute of Education Press，2015：18.

❷ BLOK H，SLEEGERS P，KARSTEN S. Looking for a balance between internal and external evaluation of school quality：evaluation of the SVI model [J]. Journal of Education Policy，2008，23（4）：379–395.

估员和一支素质过硬的评估员队伍；要求不间断地对队伍进行训练和评估，确保高质量评估；采用评估框架，成熟后共享；使用高质量的评价工具。第四，推行发展导向评价。学校需要将自己遇到的任何困难都展示给评估团队，而不是遮遮掩掩。确保同行评估以发展性而非督导性的方式进行，始终做到扬长避短、坦诚相待；合作校之间的信任度很高，对这种合作关系的维护和建立也是心甘情愿的；抓好内部改进的领域，在学校督导评估"间歇"期间，作为"温度表"，对学校整体进行评价。

二、同行评估的实践案例：学校伙伴计划

教育发展信托基金会（Education Development Trust，EDT）是一个国际性的慈善机构。基金会在全球和英国的核心工作领域之一为开展同行评估和学校合作质量提升项目。基金会提供同行评估模式，从 2014 年开始与超过 1400 所学校合作，成为全球规模最大的学校改善合作项目之一。❶ 教育发展信托基金会针对过去十年学校质量改善环境的系统性变化，发展了学校伙伴计划（School Partner Program，SPP）。领导者寻求与其他学校和同行合作，通过多学院信托集团（Multi-Academy Trusts）、教学学校联盟及更非正式的方式提供挑战、支持及确保学校质量提升的最佳分享实践。

教育发展信托基金会致力于推动变革，根据迈克尔·富兰的观点，寻找"黏性载体"，即在伙伴关系和学校层面嵌入合作文化，基于横向信任发展问

❶ ETTINGER A, CRONIN J, FARRAR M. Education development trust's schools partnership programme: a collaborative school improvement movement. // DAVID GODFREY. School peer review for educational improvement and accountability: theory, practice and policy implications [M]. Cham: Springer Nature Switzerland AG, 2020: 181–186.

责新形式，直接关注为教师和学生提供更好的体验。❶ 教育发展信托基金会共同确定的黏性工具是同行评估。其假设是，同行评估作为自我评价和学校与学校支持在内的周期性改进模式的一部分，将为学校带来可持续发展。同行评估使学校获取系统性评价，发现并解决问题，支持在学校内部和学校之间分享有效的实践。

工作之初，开发以同行评估为核心的循环改进模型。重要的是，它旨在将同行评估嵌入集体、持续的支持和改进过程中，以这些数据和证据为基础，提供学校对学校的支持。这种模式强调同行评估前后的工作，认为其重要性与评估本身并无二致。图 6-8 展示了该项目的学校自我评价、同行评估及学校对学校的支持三个阶段相互支持的情况。该计划以变革理论为基础，旨在确保学校积极变革并产生规模化效应。

变革理论是 SPP 循环改进模型的基础，旨在阐明该模型对学校的合作关系是怎样的，为什么会带来改变。理论模型显示，该项目基于三个层面的变化，即每个层面为其他层面提供实践与行为的动机及模型。该项计划层层推进，从全面的伙伴关系到学校领导，然后到中层领导和教师。SPP 持续评价其评价结果，评价进展情况，跟进学校对学校的支持和影响。埃廷格（Ettinger）领导并参与了 SPP 项目，详细总结了 SPP 模式。❷ 下面将参考埃廷格的观点详细论述 SPP 模式的关键阶段和原则。

---

❶ FULLAN M，MUNBY S. Inside-out and downside-up how leading from the middle has the power to transform education systems. Motion-Leadership & EdDevTrust [EB/OL].（2016-06-08）[2018-12-01]. https://michaelfullan.ca/.

❷ ETTINGER A，CRONIN J，FARRAR M. Education development trust's schools partnership programme：a collaborative school improvement movement. // DAVID GODFREY. School peer review for educational improvement and accountability：theory，practice and policy implications [M]. Cham：Springer Nature Switzerland AG，2020：190-199.

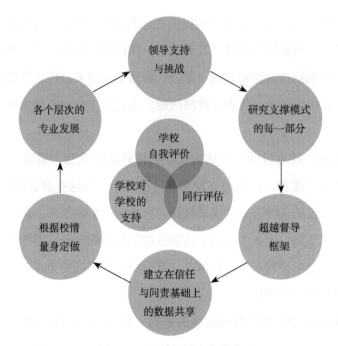

图 6-8　SPP 循环改进模式

资料来源：ETTINGER A，CRONIN J，FARRAR M. Education development trust's schools partnership programme：a collaborative school improvement movement. // DAVID GODFREY. School peer review for educational improvement and accountability：theory，practice and policy implications [M]. Cham：Springer Nature Switzerland AG，2020：181–186.

（一）第一阶段：学校自我评价及同行评估框架

为了让主办学校了解同行评估的重点，这个过程从基于同行评估框架开展自我评价开始。学校将同行评估框架嵌入现行的管理体系中，在学校的完善规划周期中确定同行评估的时间，以确保同行评估不是一个额外的过程。在全员都参与这个过程，并参与议定同行评估要点的情况下，该项评价最为有效，也符合上述"强化组织"的核心原则。

同行评估框架考虑到了教育标准局框架的核心要素，但学校非常期望有自己的质量提升框架。同行评估的框架由四个主题组成，每个主题由三个维度构成，都有一系列以"到了什么程度"为开头的提问（见图6-9）。

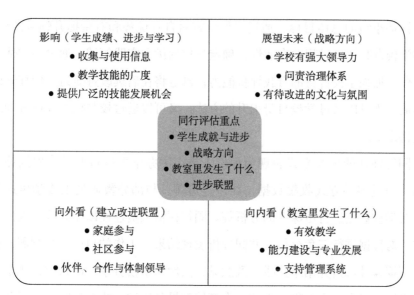

图 6-9　同行评估框架

资料来源：ETTINGER A，CRONIN J，FARRAR M. Education development trust's schools partnership programme：A collaborative school improvement movement. In：DAVID GODFREY. School peer review for educational improvement and accountability：theory，practice and policy implications [M]. Cham：Springer Nature Switzerland AG，2020：190.

（二）第二阶段：同行评估

同行评估组长与主办学校初步对话，将焦点细化，并征得主办学校同意，这是评估组的问询与取证的重点。评估小组试图以需要改善的证据为基础，旨在得到最有利于主办学校的结果。

评估人员和主办学校对自评结果进行检查，并谨慎应对有关质疑。评价人员和校长之间进行初步对话，涉及学校在哪些领域取得了突出的成绩，校长用了哪些证据来证明。对话体现质询与代理的原则，即使主办学校能够设定质量提升的基准，再由同行评估人员根据提质基准收集证据，进行现况评估。

评估小组的总体目标：通过督促学校对自身优势和有待提升领域的评价，评估学校自我评价过程的有效性；确定学校的优秀实践领域；通过与评估小组的合作，加强学校自身的自我评价能力；确定将在后续改进研讨会中探索的发展领域，既可以通过学校自身提升的方法，又可以通过校与校之间或教师之间的支持来实现。

同行评估的主要方式表现为评价人员在主办学校进行调研。根据评价的重点，通过多种方式收集数据，如边走边聊、与部分教职员工或学生进行访谈、对学校数据进行更深入的分析等。同行评估人员往往以团队或三人的形式工作，对证据进行三角分析，共同分析发现结果。工作的目标不是判断，而是寻找证据，并就研究结果达成一致意见，然后与学校分享。同行评估既是一个职业发展的机会，也是鼓励学校的中高层领导利用这个机会跟随评估团队，并在评估过程结束时给团队反馈。

重要的是，评估结束后的即时反馈，即在哪些地方需要改进，这是需要达成共识的。同行评估在反馈谈话中结束。对话会描述包括学校发展的优势领域在内所收集到的证据和主要发现，同时也会在后续的讨论会中确定优先改善的方面。

（三）第三阶段：跟进工作坊和学校对学校的支持

SPP 模式里包括评价后改进研讨会，确保评价结果随后被转化为行动。首席评价人员必须参加，根据被评估学校的重点和结果，决定其他可以参加研讨会的人员，评价小组的其他成员也可以参加。大多数学校在教职工会议上举行跟进研讨会，使用一系列质量提升工具，旨在找到问题的根本原因，商定行动，并从集群中的其他学校获得任何必要的支持。

学校对学校的支持遵循评价程序，即根据行动计划确定的具体需要领域给予支持。为了满足学校的支持需求，伙伴关系负责人和质量提升专家可以从整个伙伴关系中召集团队，在协调支持方面发挥关键作用。该团队应由具备提供高质量学校对学校支持所需技能的人员组成。需要三个级别的学校对学校的支持，即与被评价学校同事一起工作；由另一所伙伴关系学校的同事支持被评价学校的同事；与合作伙伴以外的同事合作，提供定制支持。

随着SPP项目的推进，以及合作伙伴关系的成熟，大家对同行评估的理解更深入、实践更有效。学校和教师在三个层面上发生了变化，即促进学校质量提升的能力，创建了相互信任、共同承担责任的嵌入式文化，形成了开放透明的工作方式，使整个合作伙伴关系和学校内部围绕共同的目标实现了真正和深入的合作。

第七章　利益相关者参与学校督导评估

利益相关者参与学校督导评估过程非常重要。学校教育质量提升文化强调持续改进，总体目标是改善所有学生的学习和福祉。这是一种以信任和主人翁意识为基础的合作文化，所有利益相关者都应参与其中。在学校教育系统的各个层面，都有一种提升高质量的文化，强调适当透明度的重要性，同时避免高风险问责方法产生反效果的压力。对新思想，包括来自学校教育系统以外的新思想持开放态度。在质量提升的过程中，所有利益相关者都有责任为实现学生学习和发展的共同愿景及目标作出贡献。

政府、学校、教师、学生、家长与公众作为学校督导评估的利益相关者，与学校督导评估的实施与结果休戚相关，必须参与评估的全过程。然而，在复杂的评估环境下，学校督导评估在实际的情景中正面临着多方评价主体缺位的现实困境。基于此，本章提出加强利益相关者参与学校督导评估。多元参与体现了教育利益相关者参与学校治理、利于协商并建构实现有效对话、营造民主的评估环境、重构利益相关者与学校之间的关系。

第一节　利益相关者为什么参与学校督导评估

利益相关者理论产生于 20 世纪 60 年代，最初是一种企业管理思想。1984年弗里曼出版的《战略管理：利益相关者方法》强调了利益相关者在企业战略分析、规划和实施中的作用；同时认为利益相关者是指那些能够影响组织目标实现或者被组织目标实现的过程所影响的任何个人和群体。● 该理论也广泛地应用于教育研究。

利益相关者可定义为，对学校教育质量提升有兴趣或有责任的个人、团体或正式组织，包括学生、家长、教师、学校领导、地方主管部门、社会公众人员、研究人员、非政府组织等。让利益相关者参与学校督导过程的政策和实践，确保利益相关者积极参与学校督导过程，这是政策和实践发展的重要一环，有助于促使改进议程拥有充分的依据。诚如欧盟观点，这一重点突出了开放性和包容性进程的重要性，强调了"协同决策过程的重要性，包括在系统各层级的利益相关者之间建立信任和相互支持的对话，以及培养主人翁意识、责任感并加强问责制"。● 利益相关者参与学校督导评估的价值可表现为以下方面。

第一，体现了利益相关者参与治理的原则。以往的学校管理体制存在诸多弊端，例如学校的决策权、管理权、监督权、评价权集中在校长等少数个人或单一机构身上，普通教师、学生、家长往往被排除在学校权力体系之外，他们的声音、利益被漠视，积极性、主动性和创造性被压抑，阻碍了学校的良性发展。法治社会要求学校建立依法管理、自主办学、民主监督、社会参与的现代学校制度。而且，当前学校面临着教育创新、深化改革的复杂局面，如何破除阻碍、最大限度地调动各个方面参与改革的积极性？其途径是优化内部治理结构，让教师、学生、家长等各利益相关者参与管理、多元共治，使各方成为

● 张兄武. 基于利益相关者理论的本科应用型人才培养"责任共担"机制探究 [J]. 高等工程教育研究，2013（1）：23-27.

● EUROPEAN COMMISSION. Better learning for Europe's young people: developing coherent quality assurance strategies for school education [R]. Luxembourg: Publications Office of the European Union, 2018.

改革的"共同推手"。❶利益相关者参与学校督导评估对于推进学校治理体系和治理能力现代化、打造共建共治共享的办学质量保障格局，具有重要的现实意义。

第二，有利于回应、协商并建构实现有效对话。第四代评价基于"价值多元化"提出了"回应性聚焦"，强调在不同利益相关者参与的基础上，通过不断的对话和回应，逐步聚焦。❷协商体现了利益相关者之间的交互性，是对话的推进与深入。学校督导评估涉及多方利益相关者，需要纳入协商这一环节，听取各方意见，通过不断对话，达成缩小分歧的目标。当利益相关者建立并理解共同的目标时，有利于激发他们参与学校督导评估，并让他们感受到自己作为学校主人翁的地位和责任。

第三，营造民主、平等的督导氛围。评与被评主体之间、评与评主体之间形成联结机制，这种机制有益于将教育质量评估的利益相关者置于平等的位置，充分尊重多元价值取向，最大限度调动各方参与评估的积极性。❸在学校督导评估实践场域中，政府、学校及社会都有所代表利益群体的话语权。各种评估主体之间和谐互动，不同评估主体之间的价值冲突得到缓冲，可实现三方的平衡。

第四，有助于教育系统各个层面建立互信关系。利益相关者参与学校督导评估过程，有助于在教育系统的各个层面建立互信和提高透明度，包括学校和当地利益相关者之间、国家政府和公众之间。利益相关者参与学校督导评估过程，对于支持学生学习质量和全面发展非常重要，有助于建立信任和自主权。

❶ 雷思明. 学校如何完善内部治理结构 [N]. 中国教师报，2022-06-08（10）.

❷ 张志红. 基于利益相关者有效对话的校本评价 [J]. 教育测量与评价，2021（11）：26-32.

❸ 余国江，尹建慧. 评估共同体：基于利益相关者的高等教育质量评估新型关系构建研究 [J]. 应用型高等教育研究，2023，8（1）：5-12.

第二节　利益相关者如何参与学校督导评估

促进利益相关者参与学校督导评估政策与实践的措施，主要包括在学校系统层面收集利益相关的意见、在督导评估活动中收集利益相关者的意见，以及让利益相关者充分参与学校自我评价。欧盟《为欧洲年轻人提供更好的学习：构建系统性的学校教育质量保障策略》报告总结了这些措施❶，具体内容如下。

一、多方面收集利益相关者的意见

（一）在学校系统层面收集利益相关者的意见

在制度层面，大多数国家都是通过家长代表、校董会、学生社团等形式，定期与具有代表性的利益相关方进行沟通，以获得利益相关方对学校整个制度的看法。一些国家对公共服务的看法进行抽样调查，了解民众对教育现状的感知能力，对教育系统的满意度进行调查。少数国家，如挪威，定期系统地调查家长和学生对教育的看法，涵盖全国所有学校，并对调查结果进行全国分析，对连同统计部门和督导部门提供的其他证据一起进行解释分析，为国家全面监测和改进规划提供依据。在挪威，利益相关者的调查结果与国家考试成绩一样，作为资源反馈给学校，以便为自我评价和规划提供参考。除核心调查外，学校还有一次采用自选模块的机会，从而满足自我评价的优先事项。

（二）在督导评估活动中收集利益相关者的意见

大多数国家一般是通过学校督导、自我评价等形式，定期收集利益相关

❶ EUROPEAN COMMISSION. Better learning for Europe's young people: developing coherent quality assurance strategies for school education [R]. Luxembourg: Publications Office of the European Union, 2018.

者的意见。督导人员会对家长做问卷调查。作为学校督导评估的一部分，督导人员也会约见一些学生和家长，会对当地社区的其他相关利益方进行面谈。督导人员也可能在督导活动和专项评估中，运用系统方法收集相关利益相关者的意见。然后，督导人员就有机会向部长和公众报告督导期间从利益相关者的意见中所看到的全系统模式和趋势，而利益相关者的意见通常会在定期国家摘要报告中被吸纳。

瑞典督导团在实施督导评估之前对学校进行调查，将 5 年级和 9 年级全体学生父母和老师纳入调查范围。主题涉及安全、学习环境、领导教育、学校基本价值观及工作等方面的内容。在波兰学校督导评估过程中，督导人员必须酌情邀请家长委员会或家长、学生会、非政府组织、警察代表、社会公益组织和各方人士参与督导。有在线匿名问卷调查和代表访谈两种收集数据的方法。学校领导和教师使用专门的互联网网站（www.npseo.pl），并通过该网站查找所有关于评估程序、研究工具、学校评估报告和文章等资源的信息。

督导人员也可通过自身的经验，促进利益相关者积极参与学校自我评价、提升计划等。第一，在与学校自我评价和改进过程的对话中获取和回应利益相关者的意见。第二，向学校提供全国比较基准的问卷分析结果。第三，为学校提供进一步指导和培训，让学生、家长拥有多种方法参与学校自我评价和改进事项。

（三）让利益相关者充分参与学校自我评价

在大多数完善的学校自我评价程序中，学校通常通过对学生、家长和社会上的其他利益相关者进行调查和访谈来收集证据，帮助确定质量提升事项的优先次序。学校董事会或理事通常会就学校提升计划向利益相关者征求意见。

在实践中，一些学校让利益相关者更充分地参与到自我评价过程的设计与实施中来，直接参与规划质量提升的事项。此类行动的例子有：让学生和家长一起参与设计自我评价调查工具；有针对性地开展"焦点小组"座谈，或保证少数群体的意见不被落下；将学生和家长成员纳入工作小组或团队，负责管理学校自我评价活动并解释分析结果；针对自评产生的提升行动方案、学校规划的开发等相关建议，咨询学生和家长的意见，在全校和学校社区进行广泛宣传。

在这个领域有很多创新和交流的空间，但总体目标应该是在系统的各个层面促进利益相关者参与的文化。不仅寻求利益相关者反馈，而且积极利用反馈为质量改进提供依据，并在适当的情况下，鼓励他们直接参与到持续改进的行动中来。

苏格兰学校督导和自我评价活动都非常重视利益相关者的参与。学校董事会与当地利益相关者共同参与学校质量提升计划的咨询工作。苏格兰建立了名为"家长地带"（Parent Zone）在线资源平台，提供信息和资源，促进家长更积极地参与孩子的教育。苏格兰教育局为学校在网站上发布利益相关者参与教育的优秀实践案例。

二、利益相关者参与学校督导评估的流程

欧盟在《利益相关者参与质量保证过程：教育和培训工作组 2020 年学校中期报告》（以下简称《中期报告》）中，总结了利益相关者参与学校自我评和外部评价（此处主要指学校督导评估）过程的条件和流程。[1]《中期报告》详

---

[1] European Commission Directorate-general Education, Youth, Sport and Culture. Stakeholder engagement in quality assurance processes interim report by the education and training 2020 working group schools [R]. Luxembourg：European Commission，2019.

细描述了政策制定者能够创造条件，让利益相关者通过多种方式参与学校自我评和外部评价过程，具体内容如下。

（一）参与目的是提升学生学习和福祉

《中期报告》指出，欧洲各国以包容性的价值观和学习与福祉的整体观，为各自的教育体系建立共同的愿景和价值观。在意大利，学校评价以改进为导向，鼓励整个学校社区参与。依照三个维度——环境、结果和过程进行评价。支持评价过程的指导原则是公平、参与、质量和差异化。"公平"与结果维度有关，即保证所有学生获得关键能力。"参与"保证了所有学生无论其社会背景如何都有同样的学习机会。"质量"关系到活动和过程的特点，确保所有学生的学习和福祉。"差异化"是指根据学生需求灵活组织活动。

利益相关者将被邀请参与评估周期的各个阶段。在自我评价阶段，利益相关者涉及学生、家庭、教师、行政和辅助人员，以及地方教育主管部门和网络代表。在外部评价阶段，评价人员与学生、家长、教师、行政和辅助人员进行面谈，获得他们的看法。最后，学校公开评估报告，并对报告结果向各利益相关方进行说明。同时，学校也准备以本着提升质量的最终目的，与利益相关者展开对话。

（二）构建各利益相关者教育质量共识观

各利益相关者必须对教育质量形成共同认识。可以从明确学生的优先事项，即如何培养他们成为有能力、有创造力、有好奇心的学生和积极主动、有能力和有自信的公民开始，形成对于教育质量的共同理解。再由利益相关者协助确定最能支撑优质教育的好学校、教学、学习环境等具体特点。

爱尔兰教育和技能部认识到，所有人都需要对何为优秀的教学与学习达成共识。因此，教育和技能部在与教师、学生、家长、学校管理机构和其他专业机构广泛协商后，制定了中小学教育质量框架。质量框架旨在明确在教学、学习和领导等方面有哪些优秀的实践范例。框架所代表的共同语言，能够促进主要利益相关者之间的对话，并促成其对中小学质量的共同认识。该框架将学生福祉视为学习结果，进一步认识到学校通过学校环境、课程、政策和伙伴关系等关键领域的实践，在促进和培养学生福祉方面发挥着至关重要的作用。

（三）鼓励利益相关者参与学校督导评估流程的设计

利益相关者参与学校督导评估过程的设计，既可确保通过基层方法了解当地需求并获取当地资源，还可确定可用于衡量质量提升的定性定量数据。邀请利益相关者参加质量保证过程的设计，能充分利用家长、学生、教师、学校领导、社会团体和私营部门等人员的专业知识。

学校管理团队在自我评价的过程中使用不同的研究工具分析绩效。其中包括课堂观察、与家长沟通、访谈学生、教师和家长的焦点小组、对学校考试和全国考试结果的比较分析、对利益相关者的问卷调查，以及工作人员的反馈意见等。学校领导确保对学生、家长和教职员工的反馈进行三角评估，然后才会采取改善关键领域的行动计划。通过使用不同的研究工具进行三角化反馈，以确保获得准确的反馈；或针对不同利益相关者发放内容相同的问卷，在学生、教师和家长之间进行三角测量。

教育督导部门在发展性学校督导评估中特别注重采用各种策略尽可能多地纳入利益相关者。这些策略包括访谈、焦点小组会议，督导前向家长、学习者和教师发放问卷，督导后召开会议并进行跟进访问等。

（四）明确利益相关者参与的期望、角色和责任

利益相关者参与方式应超越简单的协商。利益相关者还应积极参与规划或政策的设计、实施和评估。在不同的过程中，应明确利益相关者参与的预期及其具体作用，以及在利益相关者与政策制定者之间的角色划分。

（五）加强投资能力建设，促进利益相关者有效参与

国家部委或地方教育主管部门和学校领导需要增强自身能力，推动利益相关者参与进程，并建设性地管理差异。利益相关者代表也需要提升能力，以确保其群体中的广泛成员能够分享他们的看法。克罗地亚中小学外部评价项目非常重视学校自我评价的能力建设，并为学校自我评价提供外部支持网络。参与学校根据项目安排与关键朋友（Critical Friends）和外部评价人员合作。每所学校指定一个学校质量团队及其协调人。关键朋友有几个重要的作用：对学校外部评价建议模式的适用性给予反馈，在学校外部评价的准备过程中就评价的概念、目标和过程给予指导，为学校的长远发展能力建设提供支持。

（六）确保听取所有声音，并使其具有代表性

确保利益相关者选择和参与过程的透明度。应努力确保纳入各类群体，支持他们充分参与。运用不同的方法听取利益相关者的声音，如协商的方式有助于深入讨论问题，大规模调查有助于倾听更多的声音。在学校层面，采用正式和非正式的方法吸引利益相关者参与。例如，通过社区活动、家长支持课堂学习的机会等，有助于建立信任关系，也有利于在正式协商中进行公开对话。非正式的方法包括提供与学生接触的机会，确保学生的声音被听见。

在爱沙尼亚，对教育部门的利益相关者进行全国满意度调查，确保在国家、地方和学校各级听到不同利益相关者的声音，调查对象包括学生、家长和教师，确保学校和不同地区之间的调查结果具有可比性。在瑞典，作为学校督导评估的一部分，学校督导局每年开展两次学校问卷调查，收集学生、家长和教师的意见。部分调查结果也发布在瑞典国家教育局的网站上。在爱尔兰，教育和技能部督导局在中小学教育质量框架中明确阐述了学生声音的重要性。该框架强调重视学生的意见，承认学生是利益相关者，支持学生在学校生活中扮演领导角色。在课堂上，该框架重视让学生在课堂讨论中贡献自己的意见和经验，以及倾听和尊重他人的意见和经验。

（七）提供适当的时间、人力和财力资源

利益相关者有效参与需要投入时间、专职人员，包括国家和地方各级政府工作人员、学校工作人员，并需要一定的资金支持。利益相关者应该尽早参与过程中，以便有机会影响决策。这些投资还确保利益相关者参与受到重视，并被视为优先事项。

（八）评估利益相关者的参与过程

欧盟《中期报告》提出，为了有效促进利益相关者参与过程，应该评估利益相关者参与的程度、范围及效果。可以衡量利益相关者是否参与及如何遵循有效参与的原则，可以研究利益相关者对参与过程的满意度和使用利益相关者投入的证据，以及利益相关者参与对学校办学质量产生的影响。意大利在学校评估体系框架专门设计了一个维度，包括学校和利益相关者之间的互动及与家庭的关系。在自我评价阶段，学校向学生以外的利益相关者，尤其是家庭、地方主管部门报告如何参与制定学校政策和行动计划。在外部评价阶段，评价

人员将与不同利益相关者座谈，以对学校自我评价报告中收集的信息进行三角分析。这使利益相关者更加意识到自己贡献的潜力，有助于提升利益相关者的参与度。具体流程如图 7-1 所示。

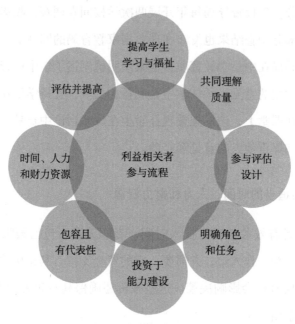

图 7-1　利益相关者参与学校督导评估的流程

资料来源：European Commission Directorate-general Education，Youth，Sport and Culture，Education and Erasmus+. Stakeholder Engagement in Quality Assurance Processes Interim Report by the Education and Training 2020 Working Group Schools [R]. Luxembourg：European Commission，2019.

第八章　学校督导评估的实施效果

近十年，学术界对学校督导评估所产生的效果进行了较多的研究。总体上，学校督导评估制度对办学质量总体产生有益影响，但也可能产生意想不到的负面后果。一些研究表明，益处与负面后果相平衡。❶学校督导评估的横向性质对其有效性的评估提出了挑战，因为可能会有多个同时进行的质量提升活动。因此，在学校督导评估与教育质量提升之间建立因果关系往往很复杂，也难以将教育质量提升直接归因于学校督导评估。本章将讨论学校督导评估产生效果的路径是什么、实施效果怎么样、产生效果的必要条件有哪些。

第一节　学校督导评估产生效果的路径

一、督导评估实践影响学校质量提升的路径

学校督导评估产生的结果是多样化的，所贡献的质量类型在各国表现不同。各国所采用的学校督导评估方法，依据学校教育系统特征而定，最重要的是办学自主性及支撑学校系统的价值观。其他的因素也很重要，如学校督导评

---

❶ NELSON R, EHREN M. Review and synthesis of evidence on the（mechanisms of）impact of school inspections [C]. University of Twente. working paper, 2014.

估程序和活动所需要的资源，以经济和人力资源为例，组织和学校层面参与这些活动的人员的能力，以及政策的优先次序，如有多少资源可分配到学校督导评估当中，这些因素也是非常重要的。❶ 图 8-1 显示学校督导评估影响学校教育系统的路径。

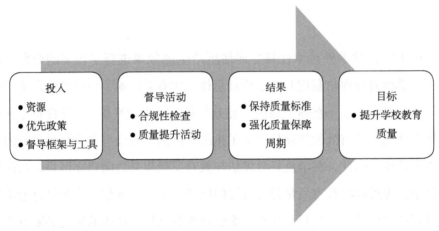

图 8-1　督导评估实施影响学校教育系统的路径

资料来源：European Union. Comparative Study on Quality Assurance in EU School Education Systems — Policies，procedures and practices [R]. Luxembourg：publications house of European Union，2015.

变革理论表明，维持教育质量标准、提高教育质量，是开展学校督导评估工作的目的。研究发现，督导评估改变了学校的态度和行为。例如，增加了系统和学校层面使用数据进行决策的频率。督导评估的效用一旦得到教育管理者、学校校长与教师的认可，就能保证进一步提升教学质量和学校治理水平。

---

❶ EUROPEAN UNION. Comparative study on quality assurance in EU school education systems—policies，procedures and practices [R]. Luxembourg：publications house of European Union，2015.

二、学校督导评估效果的监测机制

在实施学校督导评估的国家，需要提供监测系统以对学校督导评估设计和实施的情况进行评估，监测学校督导评估措施在保持或改进质量标准及提升教育质量的有效程度。这种监测背后的基本原理是，学校很好地执行政策，让各方利益相关者都清楚地了解目标和程序，参与、配合学校督导评估，并对自己的行为产生影响，从而产生积极的结果，即保持质量标准，提高教育质量。此外，监测有助于了解各国已有的评价制度、差距及在学校督导评估措施方面存在的困难。欧盟在《学校教育体系质量保证的比较研究——政策、程序和实践》报告中建议，学校督导评估的效果可从以下四个方面监测。❶

监测系统涵盖了学校督导评估政策、活动和程序的各个阶段，一般表现为以下几点。首先，学校督导评估措施。有适当的机制跟进学校督导评估政策、程序和实践的执行情况，主要做法表现如下：收集有关政策、程序执行过程中学校教职工对政策、程序的看法的信息，如参与的学校数量、是否遵守执行时间表、被评对象即学校的看法等。这些信息用于完善项目的设计和实施，以及打造质量文化。其次，产出影响（学校态度）。监测系统通常会收集学校接受督导评估后态度和行为改变的信息，对督导方法的信效度、利益相关者的满意度等进行评价。再次，产出影响（学校行为）。对学校行为的影响表现为，利用学校督导评估的结果，为教育系统和学校层面的决策提供信息。最后，结果影响，包括对教与学的影响、对学校治理的影响、对自我评价的影响等，或对教育成果的促进。似乎很少监测到教育结果的变化。学校督导评估实施的监测流程如图8-2所示。

---

❶ EUROPEAN UNION. Comparative study on quality assurance in EU school education systems—policies, procedures and practices [R]. Luxembourg：publications house of European Union, 2015.

监测措施	实施，如参与的学校数目、是否遵守执行时间表、对督导人员的看法等
产出影响：态度	对态度的影响：效果测量，即测量利益相关者对督导措施的满意度
产出影响：行为	对行为的影响：利用督导的结果，为系统和学校层面决策提供信息
结果影响	对教与学、学校治理、评估等政策、程序或实践的影响，或改善教育成果

图 8-2　学校督导评估效果监测流程

资料来源：European Union. Comparative Study on Quality Assurance in EU School Education Systems — Policies, procedures and practices [R]. Luxembourg：publications house of European Union，2015.

　　正如前文所述，督导评估本身的横向性质挑战了其有效性，同时可能会有多项质量保障和提升活动，如学业质量监测等。每一项活动都涉及若干政策和实践的制定，这些政策和实践还伴随着其他政策和实践。因此，在现实中很难真正得到监测教育督导评估对学校的净影响。

第二节　学校督导评估的实施效果

一、基于效能理论的三类效果

　　督导评估的效果是与学校效能紧密联系在一起的，如果督导评估符合、遵循学校效能提升路径，是有可能对提高学校效能起到促进作用的。学校效能取决于背景、输入、过程和输出要素。教育督导效果体现在教育发展过程的各个环节，既能产生输入性效果，贯彻教育法律法规和政策，又能产生过程性效果，促进教育发展，还能产生输出性的效果，达到收获预期教育成果的目的。

（一）输入性效果：落实教育法律、法规与政策

学校督导工作的基本成效之一是贯彻落实教育方针政策和法律法规。督导评估强调学校投入的数量和基本标准，如生均教科书的多少、教师资格的高低、班级人数的多少、入学政策或安全法规等，以及程序、政策、协议的可用性和执行情况等，以保证学校符合法律和行政法规的规定。如我国在学生收费、课程设置、校园安全、学校卫生等责任督学经常性监督工作所涉及的八项工作，都属于法规政策执行性质的监督。教育政策的执行效果比较容易实现，这一点在大多数国家也得到了印证，即学校督导评估明确具有落实国家或地区教育政策的实效性。

（二）过程性效果：推动教育发展过程

学校督导评估的重要成果是支持教育事业发展进程。学校督导评估有过程性指标与结果性指标，有些督导评估涉及的过程性指标更多，主要是为了降低结果性指标带来的风险。学校督导评估可以促使校长、教职工对学校办学质量目标进行反思，校长、教职工为了提高学校教育质量和教学条件而改变自己的行为，如引入自我评价、对学校的办学质量进行监控。过程性指标促进教育提质效果更加明显。

（三）产出效果：实现教育发展成就

学校督导评估的最终成果是提高教育产出。教育系统产生了越来越多可用的学生成绩数据，因此督导人员对学生成绩提高等学校产出的督导效果给予了更多关注。也有学者认为，学校教育为社会提供的主要成果是人才，而教育成果是在教育过程中形成的，如果单纯从"结果"督导的角度衡量一所学校为社会提供的人才质量，就不能很好地指导学校教育的发展。因为结果是既定事实，不能改变。❶

有学者对学校督导评估的效果进行了综述研究。研究显示，除个别学科效果显著外，学校督导总体效果不明显。基于 16 项对照试验研究得出，学校督导效果不显著的比例约为效果显著且正向比例的 2 倍。进一步的研究综述表明，最一致、最可靠、最有正面价值的督导效果是，86% 相关研究显示学校督导在数学标准化成绩测试中呈现积极效果，58% 相关研究显示督导对语文标准化成绩测试呈现积极效果，在督导质量感知（50% 为正向效应）和学校评价活动（47% 为正向效应）方面的效果较小。❷

二、基于反馈理论的三类效应

爱伦认为，督导人员对学校的判断及向学校传达督导结果，可视为学校的一个反馈系统。❸ 罗西（Rossi）等将评价反馈的效应划分为概念效应、工具效应和象征效应。❹ 这种方法常常被用来衡量学校督导评估反馈的效果。

❶ 黄葳. 教育督导学 [M]. 北京：中国人民大学出版社，2011：23.

❷ SARAH I H, Holzberger D, Reiss K. Evaluating school inspection effectiveness：a systematic research synthesis on 30 years of international research [J]. Studies in Educational Evaluation, 2020, 65, 100864.

❸ EHREN M C M, ALTRICHTER H, MCNAMARA G, et al. Impact of school inspections on improvement of schools—describing assumptions on causal mechanisms in six European countries [J]. Educational Assessment Evaluation and Accountability, 2013, 25：3–43.

❹ PENNINCKX M. Effects and side effects of school inspections：a general framework [J]. Studies in Educational Evaluation, 2017, 52：1–11.

（一）概念效应

概念效应（Concept Effect）指督导反馈对地方政府、学校教师和其他工作人员的理念或看法的影响，表现为督导反馈在多大程度上对决策者的思考产生了影响，并因此可能影响他们的行为。一种概念效应是督导反馈为学校提供优势和劣势分析，并促使学校反思办学过程和结果的质量。❶另一种概念效应是督导反馈促使被督导对象产生了进一步发展的想法，一般由督导人员与督导对象对话实现。❷

实证研究显示，督导反馈在大多数情况下并不会直接导致学校重新认识自身职能。❸例如，在一项大规模调查中，仅14%的被调查校长表示，督导人员发现了学校的新优势，只有7%的校长表示督导人员发现了学校的新弱项。一份研究报告显示了略显积极的数字，即督导所发现的主要问题中有22%尚未列入学校发展计划，而学校认为这是合理的弱项。❹部分研究还发现，督导促进学校教职工在督导前后不断反思和讨论。采用案例研究方法的结果表明，督导前同事之间的协商确实有所上升。比如，学校工作人员一起讨论督导报告。而另一项研究结果发现，超过96%的学校工作人员讨论过督导报告。❺

---

❶ MATTHEWS P, SAMMONS P. Improvement through Inspection: an Evaluation of the Impact of Ofsted's Work [R]. London: Ofsted, 2004.

❷ MACBEATH J. School Inspection and self-evaluation: working with the new relationship [M]. New York/London: Routledge, 2006: 54.

❸ CHAPMAN C. Ofsted and school improvement: teachers' perceptions of the inspection process in schools facing challenging circumstances [J]. School Leadership & Management, 2002, 22: 257–272.

❹ CUCKLE P, HODGSON J, BROADHEAD P. Investigating the relationship between Ofsted inspections and school development planning [J]. School Leadership & Management, 1998, 18: 271–283.

❺ DEDERING K, MÜLLER S. School improvement through inspections? First empirical insights from Germany [J]. Journal of Educational Change, 2011, 12: 301–322.

（二）工具效应

工具效应（Instrument Effects）表现为被督导对象根据督导反馈结果作出决策，并基于决策产生行动。关于督导效果的大量研究都集中在对被督导对象的工具性效应上。学校应根据督导提供的意见和设定的期望采取行动，并利用督导反馈采取整改行动。一项研究发现，62% 的校长认为督导对学校质量提升作出了有价值的贡献，而 8% 的校长认为督导对学校改善有阻碍作用。确定受益于督导的主要有监测、设定目标、自我评价、跟踪评估学生等方面。❶ 还有一项研究也发现了类似的结果：60% 的被调查者认为学校根据督导报告对学校的发展规划进行了调整，主要是对优先级进行了更改。❷ 此外，斯坎隆的研究结果对于工具效应也是颇为肯定的。超过半数的校长和教师表示，督导提高了教育质量，只有不到 4% 的受访者认为教育质量下降了。

德国的一项研究报告了工具效应，在他们的调查中，86% 的校长声称对督导作出回应，并采取整改措施。在研究荷兰 10 所学校的案例中，爱伦等人发现，每一所学校都报告运用督导反馈的方法来提高办学质量。❸ 而另一项研究对这些正面的发现提出疑问。在抽样调查的学校中，34% 的学校表示因受督导影响而增强自身发展，38% 的学校则表示自身发展并未受到影响，还有24% 的学校表示其发展受到督导的阻碍，4% 的学校甚至已经停止发展了。❹

❶ MCCRONE T，RUDD P，BLENKINSOP S，et al. Evaluation of the impact of section 5 inspections [R]. Slough，UK：National Foundation for Educational Research，2007.

❷ PENNINCKX M. Effects and side effects of school inspections：a general framework [J]. Studies in Educational Evaluation，2017，52：1–11.

❸ EHREN M C M，VISSCHER A J. The relationship between school inspections，school characteristics and school improvement [J]. British Journal of Educational Studies，2008，56：205–227.

❹ PENNINCKX M，VANHOOF J. Insights gained by schools and emotional consequences of school inspections：a review of evidence [J]. School Leadership & Management，2015，35（5）：477–501.

教师是推动教育质量的重要因素，但是督导对教师专业发展的作用十分有限，对教师行为表现和成效甚至起不到任何作用。[1]

（三）象征效应

象征效应（Symbol Effects）表现为，督导反馈提供将他人在督导前已持有的观点合法化的机会。人们总是通过个人经验、规范和专业理念来解释督导报告。督导反馈的象征作用可能会表现为观点或行动，这些观点或行动有助于推动学校的发展。有一项研究表明，8% 的校长曾把督导报告当成改善学校教职工关系的工具。比如，自己提出一些不受到学校教职工欢迎的看法，在督导人员的客观判断下得到了拥护。

一些国家对学校督导评估的象征效应进行了研究。新西兰一项研究中，28% 校长报告使用督导报告作为变革的杠杆。在麦克龙（McCrone）等的调查中，几位校长认为，督导通过赋予他们引入创新或改革所需的权力，对学校改进作出了特别有用的贡献。"它给我提供了一个非常有力的管理和激励工具。"案例学校的一位校长说："有的员工抗拒改变，甚至阻挠，但（督导）帮着解决了难题。"[2]类似地，也有一些研究分别引用了一两名校长的观点，他们认为督导认可了他们的理念，并帮助促进学校的变革或创新。

三、基于新制度理论的三类副作用

学校督导还可能迫使被督导对象产生预期或非预期战略性行为。新制度

---

[1] PENNINCKX M. Effects and side effects of school inspections：a general framework [J]. Studies in Educational Evaluation, 2017, 52：1–11.

[2] MCCRONE T, RUDD P, BLENKINSOP S, et al. Evaluation of the impact of section 5 inspections [R]. Slough, UK：National Foundation for Educational Research, 2007.

理论预测，在不确定的情况下，问责压力可能促使学校转向标准解决方案，并在实验、适应特定环境等方面作出回避。这项研究的结果似乎支持这一推理，即学校督导机制不仅影响了发展进程，而且造成了课程范围的缩小、教学策略的狭窄及教学方式的创新受到了阻碍。❶

我们都知道，压力是可以用来提升系统性能的，但是也可能会带来始料未及的后果。对压力后果的研究已在物理科学中广泛开展，其中最相关的发现可能起源于 19 世纪的勒夏特列原理。该原理表明，一个处于平衡状态的系统如果受到压力，它将以一种抵抗压力影响的方式运动。这一原理在化学中被广泛应用于预测温度和浓度等变量变化的结果。当系统受到压力时，它也同样可以推广到社会科学中。关键的一点是，制度会寻求对策以减轻压力带来的冲击。在社会实践中也许没有那么明确，但可以预见的是，制度一定会发生变化。在社会实践中，人们普遍认为，为了提高绩效，随着规则和规章制度的实施，事情往往发生在无意中。这被默顿称为意外后果（Unintended Consequences），他的文章被大量引用，认为这些意外后果可能是积极的，也可能是消极的。在社会科学领域，坎贝尔定律与经济学领域的古德哈特定律相当，教育问责制所产生的意外影响可能很好地被坎贝尔定律所解释，即社会决策中越是使用任何量化的社会指标，就越容易受到腐败压力的冲击，越容易扭曲和破坏它所要监测的社会进程。德伍尔芙和汉森斯（DeWolf & Janssens）扩展延伸了这些观点，认为学校督导评估可能产生预期战略行为、非预期战略行为及其他副作用这三类不良影响。❷

❶ GUSTAFSSON J E, EHREN M C M, CONYNGHAM G, et al. From inspection to quality: ways in which school inspection influences change in schools [J]. Studies in Educational Evaluation, 2015, 47（12）: 47-57.

❷ DE WOLF I F, JANSSENS J G. Effects and side effects of inspections and accountability in education: an overview of empirical studies [J]. Oxford Review of Education, 2007, 33（3）: 379-396.

　　第一，预期战略行为，指的是学校在督导前和督导期间精心准备，装点门面，仅仅是为了让学校在督导人员看来更高效。它也包括重新定义或故意曲解考试标准，如选择性使用数据报告等。在极端情况下，发生包括帮学生代考或篡改考分等舞弊和直接作弊行为。[1]调整是为了提供一个更好的学校形象，甚至误导督导人员。这些活动很少能真正帮到学校。这类误导性、毫无价值的准备工作和督导期间的异常行动常常是有问题的。[2]

　　第二，非预期战略行为，即督导过程无意中改变了被评对象的行为。这些副作用包括正规化和程序化，如紧盯督导指标、过度关注记录，造成课程范围狭窄和僵化，对新教法的尝试产生了畏难情绪。这种狭隘的眼光和对指标的执着会造成短视，因为学校注重的只是解决办法，而不是着眼于教育的长远结果。这类影响的例子是，学校提供的考试科目或考纲都比较简单。这些意料之外的效应可能导致趋同，也就是所有学校都趋同发展。

　　第三类，其他副作用，比如教师和校长感到有压力，而好学校则安于现状。[3]最吸引研究界关注的副作用表现：教师从收到督导通知到整个督导实施过程，情绪大受影响。这种情绪在某些情况下依然存在，直到督导人员访问学校很长时间之后。大量研究发现，在督导期间或督导后，教师情绪影响范围从中度到重度，最显著的是压力和焦虑。尽管该领域的学术研究大多以压力和焦虑为主，但也有愤怒、忧虑、冲突、幻灭、沮丧、悲伤、内疚、愤怒、降低工作满意度、疲倦、怨恨、失眠、没有价值，甚至抑郁的记录。

[1] KAREN L J, et al. The unintended consequences of school inspection: the prevalence of inspection side-effects in Austria [J]. The Czech Republic, England, Ireland, the Netherlands, Sweden, and Switzerland. Oxford review of education, 2017, 43（6）: 805–822.

[2] PENNINCKX M. Effects and side effects of school inspections: a general framework [J]. Studies in Educational Evaluation, 2017, 52: 1–11.

[3] PERRYMAN J. Inspection and emotion [J]. Cambridge Journal of Education, 2007, 37（2）: 173–190.

有学者针对以上理论进行了调查研究。彭尼克斯（Penninckx）基于 16 项对照试验研究结果表明，督导对学校教职工工作过程的负面影响所占比例最大，有 78% 的研究证明了这种负面影响。督导工作带来负面影响证据最充分的是教学过程，有 46% 的研究显示了负面影响。❶

第三节　保障学校督导评估实施效果的必要条件

督导评估不会通过直接干预来推动学校质量的提高，而是通过报告的专业性影响、报告的公平性和准确性，以及知情的分析和比较，促进学校的发展。学校督导评估是否会对学校改进产生影响及如何产生影响，还缺乏理论上的探讨。关于学校督导评估发挥有效作用的保障条件，也缺乏探讨。欧盟于2015 年、2018 年分别发布两项研究报告《欧盟学校教育体系质量保证的比较研究——政策、程序和实践》❷《为欧洲年轻人提供更好的学习：构建系统性的学校教育质量保障策略》❸，从不同角度总结了学校督导评估产生效果的必要条件。从目前的实践与研究可以看出，促使学校督导评估产生效果的必要条件由以下方面构成。

❶ PENNINCKX M, VANHOOF J, DE MAEYER S, et al. Effects and side effects of flemish school inspection [J]. Educational Management Administration & Leadership, 2016, 44（5）: 728–744.

❷ EUROPEAN UNION. Comparative study on quality assurance in EU school education systems-policies, procedures and practices [R]. Luxembourg: publications house of European Union, 2015.

❸ EUROPEAN COMMISSION. Better learning for Europe's young people: developing coherent quality assurance strategies for school education [R]. Luxembourg: Publications Office of the European Union, 2018.

一、学校督导评估的质量

（一）学校督导评估的目标

影响学校督导评估政策、活动和实践有效性的一个最相关因素在于目标，即督导评估的目标是问责还是改进，或者二者兼而有之——既有问责的目标，也有改进的目标。有研究表明，形成性的学校督导评估方法是以提高质量为主的。形成性学校评估在文献中受到好评，因为它积极地影响了学生的成绩。形成性的方法，是指不同的行为者经常交流，可能较早地发现困难，及时对学校督导评估政策、活动的设计和实施进行改进，并根据学校的具体情况加以调整。另外，强调支持学校而非控制，会被学校认为威胁性更小，更有用，从而更有利于他们参与其中。

（二）学校督导评估的权威性和专业性

学校督导评估需要建立有效的评价标准，确定评价标准是开展评价活动的前提。而评价标准科学与否及有效性如何，直接影响评价结果是否具有客观性、准确性。例如，在德国萨克森，质量标准的科学基础被认为有助于学校接受外部评价。督导人员的素质和构成是督导评估活动可靠性和客观性的保障。通过选聘、组织培训等方式提高督导人员的素质。可以通过收集来自学校的反馈，不断调整学校督导评估工作的质量。督导人员的理想背景和评价小组的构成包括有教学经验的教师、专业性的评价人员，还有多类型能力人员构成的团队，如有学校背景和有研究背景的专业人员。意大利访问学校评价团必须由两名不同专业背景的人员组成：一种具有丰富的学校经验背景，如高级督学或校长；另一种是在教育研究方法领域具有一定能力的研究人员。

（三）督导评估反馈质量和学校接收反馈的程度

不同国家的证据表明，督导评估反馈的性质对学校质量提升具有重要影响。明晰的督导评估结果和改进建议报告是落实督导建议的重要前提。埃伦和菲舍尔（Ehren & Visscher）发现，在荷兰的 10 个小学案例研究中，所有学校都使用了督导评估的反馈意见，并且在督导评估 6 个月后仍继续执行改进计划，并启动相对容易执行的改进措施。研究发现，这得益于一系列因素的联合作用：督导人员通过现场走访发现学校的做法中有一些"不尽如人意"，对这些不足之处进行反馈，并与学校就改进行动达成一致意见。相对于反馈数量，督导人员提供的反馈质量对学校改进有更大的影响。荷兰最近的两项研究也表明，学校会利用督导评估报告与学校质量报告卡，而这些报告实质影响了学校政策与管理。❶

二、学校领导力、数据条件及整改能力

（一）学校领导在推进学校督导评估实践中处于重要位置

校长领导力和学校教职工拥有行动计划的所有权是实施学校改进行动的必要条件。❷学校领导在促进学校层面的评价方面处于有利地位。利益相关者和专家一致认为，学校领导角色和技能与在学校教育中能否充分实施督导评估息息相关。实际上，研究发现，领导者能力的差异往往是造成不同学校开展督

❶ EUROPEAN COMMISSION. Better learning for Europe's young people: developing coherent quality assurance strategies for school education [R]. Luxembourg: Publications Office of the European Union, 2018.

❷ SCHILDKAMP K, VISSCHER A. The utilization of a school self-evaluation instrument [J]. Educational Studies, 2010, 36（4）: 371-389.

导评估活动效果不一的原因。具有督导评估知识和强大领导技能的校长，可以决定如何更好地开展评价活动。学校领导需要起到鼓舞和激励作用。需要激励教职工对督导评估活动和程序持有积极态度，支持提高学校教职工使用评估数据的能力，积极参与学校督导评估活动。

（二）学校教职工具备使用高质量数据的能力

针对每所学校的独特性定制督导评估活动，以及整体是否有效实施，取决于每所学校是否具备高质量、易于使用的学生成果和背景数据。教育主管部门向学校提供的成绩数据，如国家和国际考试成绩、学校外部评价报告等，其中考虑到学校背景，最重要的是学生社会经济背景。如果最终用户不知道如何使用数据，提供的数据本身并非有助于提高质量。在使用评估数据方面，学校教职工培训和能力建设经常被认为是促进学校督导评估较好实施的一个因素。因此，在欧洲国家，对学校教职工进行培训是一个普遍现象。我国学者王晓妹也提到，由于督导指标设计、体系架构、评估系统的复杂性，需要对督导人员提供专业化培训。[1] 因此，我国也越来越重视对督导人员的专业化培训。

（三）学校自我评价、变革型领导和教职工协作式活动

欧盟报告表明，督导评估机构为促进学校改进而强调的各种方法，如学校自我评价、变革型领导和教职工协作式活动都非常重要。[2] 学校自我评价关系到学校许多提升行动。学校层面上有两项不同的提升行动。第一项提升行动涉及学校能力建设，包括提升教师参与决策、教师协作和变革型领导的能力。

---

[1] 王晓妹.中小学校内涵发展督导评估体系 [M].北京：教育科学出版社，2016：101.

[2] EUROPEAN COMMISSION. Better learning for Europe's young people：developing coherent quality assurance strategies for school education [R]. Luxembourg：Publications Office of the European Union，2018.

第二项提升行动涉及提高学校效能，包括增强学校测评并提升学生学习机会。校长报告称，他们正在落实或加强自我评价，还表示他们正在采取更多行动以提升变革的能力，特别是提升变革型领导力，以及他们对学校和学生的测评能力。相应地，学校表示要采取更多行动培养变革和改进的能力，并报告采取更多行动提高学校效能。

（四）学校落实督导评估反馈建议及整改的能力

有证据表明，学校跟进反馈建议和整改能力对提升教育质量发挥着重要作用。落实督导评估建议有以下主要条件：理解和接受督导机构的调查结果；能够生成和落实督导结果的策略，包括有效的行动计划战略领导小组，确定实现改进所需的任何资源和支持；计划明确的监测活动以了解进展；高利害性，因为督导有可能会影响被督导对象的资金支持或公众形象。在比利时荷语区，在"教育机会平等"政策下接受额外资金支持的学校，在督导评估跟进后发现，曾被作出负面评价的学校在三年后有了显著改善。这项政策要求学校自评其资金使用情况及影响；加之督导人员的建议以及后续跟进措施，促使学校更多地按照政策导向去思考和实践。

（五）学校与督导部门、教育主管部门之间进行顺畅对话

学校和系统层面的行动者之间顺畅的对话有助于解决督导中的问题。首要任务是，明确、完整地向学校解释要执行的政策和活动、目标和后果，以及在执行过程中的责任划分。此外，在沟通时采用建设性的方法，识别学校积极发展方面的同时指出缺点，在一定程度上是减少学校动力不足的一种方式。在学校自主权较低的情况下，督导部门与教育主管部门的对话也是至关重要的，能决定根据评价结果改变政策和做法。

三、利益相关者参与

利益相关者的参与是学校督导评估活动和实践中的一个关键因素。所有国家都一致认为，除了学校教职员工，还应该包括家长、学生和其他相关利益相关者。例如，丹麦的案例研究显示，家长的参与能够激发学校教职员工对评价的更多关注。利益相关者的参与有助于建立优质的学校文化。在参与评价学校的活动、工具或实践过程中，教职员工被驱使反思学校的目标和实践，他们在提高质量方面的作用是什么，或者可能是什么，以及如何达到这些目标。相关利益方除了需要参与督导评估实施过程，还应该参与督导评估工具的设计，在参与度上也能进一步提升合作方式。最后，作为利益相关者参与的先决条件，需要明晰参与者在学校督导评估政策、活动及执行过程中的角色。

四、外部资源及保障条件

（一）保障资源可用性、充足性

资源的可用性主要指人力资源，是实施学校督导评估的保障条件之一。开展学校督导评估所需资源的多少，要根据活动的种类而定。例如，定期对学校进行督导需要一支技术熟练的督导队伍和大量投资；而基于学生成绩、毕业率等结果数据，以及自我评价活动，原则上是成本较低的方法。但是，自我评价难以提供学校是否达到质量标准的信息。不少国家都制定了提高资源利用效率的战略。比如，有一种趋势是将督导的重点放在成绩较差的学校。学校督导评估所要求分配的资源，不能用于教学等其他活动，而主要用于督导人员的保障。此外，还需要更多的资金支持，如对学校教职员工提供评价方面的支持或培训，这也是有助于提升督导评价成效的因素。

（二）保障政策的一致性、连贯性

实施学校督导评估的另一项保障条件是政策的连贯性。国际经验表明，多样化的督导评估活动和越来越多的指标容易造成混乱。比如，学校督导评估内容涉及学校管理、校长领导、教师发展及评价、学生评价等，而这些指标可能与教育局现行校长评价、教师评价、学生评价政策不一致，甚至有些指标与当地教育政策相矛盾。因此，在设计指标时，既需要政策上的综合考虑，又要保持政策的一致性。督导评估政策与其他教育政策之间的一致性是学校督导评估有效性的相关条件，应始终如一面向共同目标，并相互支持。例如，学校督导评估产生的证据，可以为课程制定的优先事项提供依据，也可以为教师培训的优先事项提供依据。相反，如果学校督导评估中发现了教学中一些薄弱项，而没有得到支持或培训来解决，督导评估就不大可能对学校的办学质量起到促进作用。

连贯的学校督导评估战略将不同措施联系在一起，并建立和强化关联机制。例如，如果按照政策规定，一个机构负责督导评估学校，另一个机构负责根据评估建议支持学校，这些机构之间应该建立相关协调机制。比如，在我国，学校督导评估由督导室或地方教育局执行，实施之后，相关意见提交给学校主管部门和教育局，教育局需要联动起来，督促学校根据督导意见整改，否则，学校督导评估的效果就会大打折扣。

第九章　欧洲督导队伍制度建设及启示

本章以欧洲国家为例研究督导人员队伍建设，这里的对象仅指学校督导人员，不包括学校自我评价人员。在欧洲，学校督导评估只是质量保障的方式之一，通常还伴随其他方法，如实施国家教育体系监测、地方教育机构或教师评价。学校督导评估的对象通常为学校、校长、教职工、项目、地方教育机构或整体教育系统。鉴于学校督导评估的复杂性和重要性，督导人员队伍制度建设和专业发展一直被广泛关注。欧洲各国的历史传统、督导机构设置、督导工作性质及目标有所差异，督导人员队伍制度建设也有所不同。❶

第一节　督导队伍构成

欧洲国家和地区经过多年实践探索，逐步形成了分工明确、多元构成的督导人员队伍：既有国家督导人员，也有地方督导人员；既有一线校长和相关研究人员，也有公众、家长等行业外人员。优化的督导人员队伍构成为高质量督导提供了坚实的保障。

---

❶ 武向荣，张宁娟. 欧洲督学队伍制度建设的经验与启示 [J]. 教育探索，2022（1）：89-93.

一、各级各类督导人员

（一）国家督导人员与地方督导人员

欧洲国家设置的国家督导人员与地方督导人员分工明确。国家督导人员负责国家政策咨询与评估、领导督导、质量监督、开展队伍培训等工作，地方督导人员具体实施本地区督导。例如，法国国家教育总督导人员对国家教育制度进行监督和评估，参与对各级教学和教学质量的督导，参加对地方督导人员、学校负责人和有关人员的招聘、培训及评估工作，围绕教育部的中心工作和全国基础教育的热点问题进行调研，发挥决策咨询的作用；地方学区督导人员和国民教育督导人员统归学区长领导，分别负责地方中学与小学督导。奥地利、德国等国家仅有地方督导人员组织实施督导。

（二）同行督导人员 / 助理督导人员

同行督导人员（Peer Inspectors）要求在学校担任管理角色，并在相关领域具有教学或培训经验。2019 年，英格兰、威尔士督导局为了增加与学校的联系，新增督导提名人（Nominee）角色，由被督导学校推选，自始至终参与该校督导工作，为督导团提供资料及建议。英国威尔士皇家教育督导与培训办公室招募并培训同行督导人员，在注册督导人员的领导下工作，是督导团的正式成员，每年参加 2~3 次督导。英国苏格兰、北爱尔兰聘请表现出色的校长、副校长及地方政府质量管理官员当助理督导人员（Associate Assessors），每年大约参加 3 次督导，督导局按工作天数支付督导费用。同行督导人员或助理督导人员到其他学校进行督导工作，可促进校际工作经验交流，既有利于本校工作提升，也有利于将本校办学经验传播到其他学校。

（三）志愿督导人员／外行督导人员

为了促进督导评估的客观性与公正性，一些国家邀请外行督导人员加入督导队伍。例如，英国苏格兰督导团还包括志愿非专业人员，也可称为外行督导人员（Lay Inspectors）。该类人员不在教育行业工作，由苏格兰教育局选拔和培训，主要负责督导学校与家庭的伙伴关系。英国威尔士聘请公众人士以外行督导人员身份参加学校督导，重点关注学生在学校的经历，以及人际关系和环境对学生安全、学习态度和幸福感的影响。从法律上讲，他们不能从事学校管理工作或学校教育工作，但可以自愿担任督导工作。德国、法国也有类似编外志愿督导人员，如法国组建了由社会人士构成的志愿督导人员队伍，专门对乡村社区或偏远地区的学校进行督导。

二、专家团队

鉴于督导工作的复杂性与专业性，一些国家明文规定必须将研究或评估领域的专家纳入督导团。葡萄牙要求学校督导评估小组由三人组成，即两名督导人员和一名在评估领域工作的大学老师或研究人员，后者由高等教育机构推荐。冰岛督导团由两到三名督导人员组成。在每个团队中，必须有一位在与所督导学校同一学段工作过的经验丰富的教师，还要有一位有研究经验并在学校评估方面有专业知识及经验的专业人员。该类人员或修完大学级别的学校评估课程，或修完由教育考试院开设的评估专业课程，熟悉观察、访谈和焦点小组访谈等方法。斯洛文尼亚聘请专家协助学校督导工作，通常为知名教师或研究人员，在学生或教职员工声称自己的权利受到侵犯的情况下（如涉及学生升学或教师自主权问题），必须征求专家的意见。另外，捷克、爱沙尼亚、法国都邀请专家参加督导评估。意大利三人督导团中有一名为大学教师。

第二节　督导人员聘用及监管制度

欧洲国家在督导人员聘用等管理制度方面积累了大量经验。2015 年，欧盟《教育质量保障：欧洲学校评估的政策和方法》报告，专门对欧洲督导人员的聘用、培训等进行了总结。❶ 可以看出，大多数国家及地区从学历、工作经验、专业知识及技能等方面规定督导人员任职条件，一般要求督导人员具有教学资格和一定年限的学校工作经验，如担任过教师或管理职位。有十几个国家规定，在教育、研究或心理学等广泛领域获得工作经验的候选人都可能成为督导人员，还有一些国家还将评估研究水平作为督导人员入职资质要求。❷ 具体情况如下。

一、督导人员任职资质规定

（一）大部分国家要求督导人员具备至少本科学历，部分国家要求具备研究生学历

欧洲大部分国家规定督导人员具备本科学历及专业知识领域多样化。有的国家要求督导人员必须具备学校工作以外的专业经验，如有在研究、心理或教育管理等部门工作的经验。这些国家包括比利时弗拉芒区、捷克、爱沙尼亚、匈牙利、荷兰、斯洛文尼亚、瑞典和土耳其。瑞典要求督导人员最低学历是本科，可能还须具备进一步的资格证书，如教师资格，或在法律、政治科学或统计专业领域取得资格证明。❸ 土耳其则要求督导人员必须在与考试指南规

---

❶ European Commission/EACEA/Eurydice. Assuring quality in education：policies and approaches to school evaluation in europe [R]. Luxembourg：Publications Office of the European Union，2015.

❷ 以下督学内容不包括志愿督学、外行督学和专家。

❸ LINDGREN J. Seeing like an inspector：high modernism and mētis in swedish school inspection [J]. Sisyphus—Journal of Education，2014，2（1）：62–86.

定的相关领域之一获得四年制学士学位，如教育、科学、文学、法律、政治学、经济学和行政学等，且年龄未满 35 岁。

部分国家要求督导人员为研究生学历，如爱沙尼亚、塞浦路斯、意大利、斯洛文尼亚等国家。爱沙尼亚要求督导人员必须具有研究生或同等学力，至少有五年与教学相关的工作及领导经验。塞浦路斯初中学校督导人员须持有研究生学历，还要具备至少 15 年的教学经验，包括两年副校长、五年中学教师。意大利要求督导人员在高校、公共研究机构或其他特殊校的组织接受过三年研究生学历教育。斯洛文尼亚规定督导人员是国家公务员，必须至少具有硕士或同等学力。匈牙利要求教学督导人员具备研究生学历。

（二）大部分国家要求督导人员具备教师资格证，有的国家规定督导人员是公务员

欧洲大部分国家要求督导人员必须获得教师资格证书，同时强调必须或最好有教育管理经验，还要掌握评估方法或经验等。大部分国家督导人员在从事督导工作前一般担任教师、学校管理者、教育行政管理人员、研究人员等工作。[1] 拉脱维亚要求督导人员必须持有教学资格或教育管理资格，并在学校担任过教师或教育管理工作。爱沙尼亚要求督导人员具备与教学有关的经验，包括在学校任教，或在高校担任研究员，或学校心理方面专家。罗马尼亚督导人员被称为"评估和认证专家"，须具有评估方面的专业知识，最好为学校负责人或有督导的管理经验。

有的国家规定专职督导人员为公务员或具有行政管理方面的资格证书。匈牙利要求实施法律合规性督导的督导人员须为公务员，至少具有高等教育学

---

[1] 钱一呈. 外国教育督导与评价制度研究 [M]. 北京：中央广播电视大学出版社，2006：5-252.

历和公共管理培训证书。奥地利督导人员是中央政府聘用的公务员，在九个州和各地区教育委员会学校督导办公室行使职责。❶波兰督导人员具有公共管理人员身份，必须已完成相关专业发展课程或行政管理、教育管理方面的研究生课程。荷兰、英国等国家规定专职督导人员必须为国家公务员。

（三）一些国家还对督导人员的知识、技术和能力提出要求

除了学历和工作经验要求，一些国家和地区还对督导人员候选人技术、知识和能力提出要求。❷能力的概念是什么？在"欧洲资格框架"建议中，"能力"被定义为在工作或学习环境中使用的知识、技能和态度。❸构建能力体系能够为职业概况提供共享的标准，有助于确保高质量的工作。2013 年，欧盟委员会认为，能力构成体系取决于利益相关者对高质量人员的塑造的共识，即要求什么能力以及如何理解和描述。成功的能力构成框架应具备以下属性：扎根于文化；基于对工作目的和成功工作的基本共识；工作理念的清晰表述；容纳专业工作的各个方面；符合自我评价和改进的周期；具有稳定性、耐用性和灵活性等。❹迭代开发（Iterative Development）方法较多应用于素养能力体系构建，该方法要求每个阶段都要有利益相关者充分参与。❺

大部分国家及地区重视督导人员专业素养能力构成体系的构建，认为督

❶ EHREN M C M, ALTRICHTER H, MCNAMARA G, et al. Impact of school inspections on improvement of schools—describing assumptions on causal mechanisms in six European countries [J]. Education Assessment Evaluation Accountability，2013（25）：3-43.

❷ EURYDICE. Evaluation of schools providing compulsory education in Europe [R]. Brussels：Eurydice，2004.

❸ 张清滨. 教学视导与评鉴 [M]. 台北：五南图书出版股份有限公司，2005：98.

❹ EUROPEAN COMMISSION. Supporting teacher competence development for better learning outcomes [R]. Brussels：European Commission，2013.

❺ JANSSEN J, STOYANOV S. Online consultation on experts' views on digital competence [R]. Brussels：European Commission，2012.

导人员必须具备技术、知识和能力。2018 年，新西兰教育督导局（Education Review Office，ERO）出台《致力于高质量教育评价的能力框架》（*Capabilities for High Quality Education Evaluation*），将督导人员能力划分为职业领导力与团队合作、教育与评价的理论及知识、评价实践、个人品质及素养等。❶ ERO 按督导人员专业发展阶段提出相应的发展规划和政策予以配套。瑞典学校督导局设计了督导人员专业能力体系（Swedish Inspector Competence），将督导人员能力划分为知识、技能、品质，确定了督导人员所需要的 107 种技能。❷ 中国台湾地区将督导人员能力归纳为基本修养、专业知识、专业能力三个方面：基本修养包括品德与健康、一般知能；专业知识包括教育理论基础、课程教材教法、行政事务；专业能力包括设计、领导、执行、观察、指导、协调、调查、评鉴、进修及创新 9 个方面。❸

比利时弗拉芒区、爱尔兰、斯洛伐克和英国威尔士要求督导人员需具备沟通和报告技能。讲几种语言的能力也很重要，西班牙要求督导人员应掌握相应自治社区的官方语言；爱尔兰要求督导人员应表现出用英语和爱尔兰语进行有效交流的能力；斯洛伐克要求督导人员必须掌握与其工作有关的少数民族语言。比利时弗拉芒区、爱尔兰和英格兰通常还期望督导人员掌握 ICT 技术。❹

立陶宛要求督导人员必须具备教育法规知识、数字素养（Digitally Literate）及分析信息的能力，还要具备其他通识技能，例如优秀的团队合作能力。英国威尔士要求皇家督导人员具备教育系统知识，分析能力和使用证据

---

❶ EDUCATION REVIEW OFFICE. Capabilities for high quality education evaluation [R]. Wellington：Education Review Office，2018.

❷ 王烁 . 建构学习型组织：瑞典督学专业化发展的经验与启示 [J]. 教育测量与评价，2020（5）：26–28.

❸ 张清滨 . 教学视导与评鉴 [M]. 台北：五南图书出版股份有限公司，2005：57.

❹ MCNAMARA G，O'HARA J，LISI P，et al. Operationalizing self-evaluation in schools：experiences from Ireland and Iceland [J]. Irish Educational Studies，2011，30（1）：63–82.

的能力，以及有效表达调查结果的能力，其他能力如计划和项目管理能力。❶
比利时弗拉芒区对候选人有一系列资格要求。第一，产出，指审计、写报告、
沟通技巧等；第二，能力，指在某个学段或学科的专业能力；第三，行为。具
体可归类为表 9-1。

表 9-1　欧洲国家对督导人员知识、技术和能力的要求

教育系统知识	英国威尔士要求督导人员具备有关教育系统，尤其是威尔士教育系统的专业知识
	德国期望或要求督导人员在以下领域拥有专业知识：教学质量、学校教学、学校体系结构、学校法律与学校管理、学校评估过程
	立陶宛要求督导人员具备教育法规知识
	荷兰需要督导人员掌握教育领域及治理方面的知识
沟通、团队合作和报告能力	英国威尔士要求督导人员有效表达调查结果的能力
	爱尔兰要求督导人员具有出色的人际交往和沟通能力
	比利时弗拉芒区督导人员必须具有报告、沟通技巧等能力
	立陶宛要求督导人员团队合作能力强
语言能力	西班牙要求督导人员掌握相应自治社区的官方语言
	爱尔兰要求督导人员用英语和爱尔兰语进行有效交流的能力
	斯洛伐克要求督导人员掌握与其工作有关的少数民族语言
信息技术应用与数据分析能力	爱尔兰和英国英格兰、威尔士要求督导人员掌握信息技术、分析和使用证据的能力
	立陶宛要求督导人员具有数字素养和信息分析的能力
	荷兰要求督导人员有分析能力
	德国要求督导人员有观察和数据分析技能
研究、规划与项目管理	英国威尔士要求督导人员具备规划和项目管理能力
	荷兰要求督导人员有研究及项目管理能力

资料来源：European Commission/EACEA/Eurydice. Assuring quality in education：policies and approaches to school Evaluation in Europe [R]. Luxembourg：Publications Office of the European Union，2015.

---

❶ EURYDICE. Evaluation of schools providing compulsory education in Europe [R]. Brussels：Eurydice，2004.

二、督导人员聘任机制

由于督导人员承担的工作专业性强、责任大，大部分国家和地区通过考试公开竞争性选拔督导人员，考前通常有课程学习或相关培训❶，如比利时法语区、比利时弗拉芒区、西班牙、斯洛文尼亚等国家与地区。成为候选人后，将有几个月甚至几年的试用期，通过培训、工作实践等方式考察其是否胜任督导工作。

（一）考试招聘制

西班牙督导人员候选人必须经过竞争性选拔考试才能成为督导员，各自治区可以根据其特定需求增加其他录用标准，如学校管理经验、更高学历、教师培训，参加特定的培训，执行过督导任务或有教授头衔。土耳其准督导人员必须参加两级考试，由教育部举行的笔试和口试；或通过其他两种途径成为督导人员，如在教育部门有八年的教学经验；或直接申请督导人员工作，但首先要从公务员选拔考试中获得指定的最低分数。比利时法语区通过考试招聘督导人员，随后是两年试用期；比利时弗拉芒区，由外部机构测试候选人通识能力（如计算机读写能力），由内外部专家小组评估专业能力。斯洛文尼亚督导人员任命前，至少六个月内通过学校督导考试，包括行政、法规及督导程序的知识，管理部门还提供 16 小时的培训课程，供候选人考前准备。

（二）合同聘用制及任命制

罗马尼亚督导人员不是政府或机构雇员，而是根据民事合同（Civil Contract）

---

❶ 王璐 . 教育督导与评价制度研究 [M]. 北京：人民教育出版社，2018：16-223.

工作，并按照评估报告提交数量获得报酬。因此，督导人员须完成规定课程，课程结束后，将被添加到国家评估和鉴定专家名录中。督导人员不得在自己所在县评估学校，其督导活动受到部级命令批准的行为准则的约束。匈牙利教育部不任命督导人员，由匈牙利公共行政地区（the Sub-regional Unit of the Hungarian Public Administration，SRU）人员负责实施学校法律合规性督导；教学督导人员主要为教师，专门实施"教学 / 专业"督导，由教育局建立并发布教学督导专家目录，各办事处从目录中选取并任命教学督导人员。教学督导人员为了保留在专家库中，须定期参加由教育机构组织的在职培训计划，并达到评估记分卡规定分数，一般由被督导评估对象打分。

三、督导人员监督管理制度

（一）制定督导人员行为准则

欧洲较多国家制定了督导人员行为准则，建立督导人员监督与评价制度，保障督导评估工作质量。为了进一步规范督导人员的行为并确保被督导学校从制度上享有公平与被尊重的权利，英国制定了一系列有关督导人员的行为准则。2012 年，英国教育标准局在新的督导框架修订中增加了有关督导人员的行为准则。❶ 教育标准局要求督导人员在督导过程中公平地对待每一位被督导对象，并且尊重被督导者，要按照督导人员行为准则达到最高的专业标准。该准则从制度上规范了督导人员的行为，督导人员从准则中审视自己的督导行为，及时参照准则调整和改善督导过程中的行为；准则从侧面也保障了被督导

---

❶ 张姝，黄培森. 英国中小学督导制度的新进展及启示 [J]. 首都师范大学学报（社会科学版），2015（5）：127–132.

学校应享有的公平权利，并且准则成为被督导学校了解督导人员行为的依据，能够起到相互监督的作用。

（二）严格督导人员监督管理

从发展趋势看，督导评估工作质量监督管理将变得越来越重要。欧洲一些督导传统悠久的国家非常重视对督导人员工作质量的监督，旨在保障并持续改进督导工作质量。荷兰从法律上规定监督管理督导人员工作并采用审计制度。荷兰《教育督导法》规定，成立投诉委员会和督导咨询委员会，协助督察局保证督导实施的周密性和专业性。❶荷兰督察局运用审计手段对督导人员进行有效监督，并督导评估结果是否可靠有效，除了内部审计师，外部审计师也参与审计。其中，通过现场观察督导的审计手段是质量保障的重要组成部分。英国教育标准局成立了由皇家督导人员领导下校长、学前教育和继续教育部门领导等非督导人员组成的监督委员会，对被投诉督导人员进行内部审查和评估。英国运用信息化手段监督督导人员表现，教育标准局启动了数据视图（Data View），任何登录的用户都可以查到督导人员在整个英格兰的督导表现。

（三）重视督导人员评价及反馈

英国威尔士、葡萄牙等国家和地区创新督导人员监督方式，专设中间人（Mediator）评价并反馈督导人员在督导过程中存在的问题。这是有益的质量保障办法，但成本较高。❷除了审计，荷兰督察局还使用其他工具监督并评价

---

❶ 荷兰司法和安全部.教育督导法 [EB/OL].（2002–11–28）[2024–06–06]. https：//www.government.nl/ministries/ministry-of-justice-and-security.

❷ SCHEERENS J，HENDRIKS M. Benchmarking the quality of education [J]. European Educational Research Journal，2004，3（1）：101–114.

督导人员工作，如由被督导学校填写满意度问卷，评价督导人员工作效果，必要时将结果反馈给相关督导人员。荷兰、英国及德国一些州使用录像带或模拟等方式观摩督导现场并内部讨论，以此监督督导人员的督导质量。

第三节　督导人员培训体系

经过长年探索，欧洲国家及地区形成成熟的职前、入职、可持续发展一体化培训体系，尤其重视督导人员选拔、入职及试用期培训。● 在欧洲 19 个国家及地区，督导人员在任命前、新入职或试用期必须接受专业培训。培训内容通常包括理论与实践，由于督导人员工作实践性较强，后者更为普遍。

一、入职及试用期培训

（一）督导人员在选拔期间需完成规定培训课程

在欧洲 9 个国家及地区，督导人员候选人必须接受学校评估或通识评估方面的专业培训，此为获取督导人员资格的必要条件。● 欧洲国家对候选人进行培训，一是为了严格把关，保证有理论水平、有实践经验的人选进入督导行列；二是确保督导人员正式从事督导工作前，已经完成规定数量的督导工作，具备一定的评估专业水平。各个国家和地区候选人培训时长不一，有的几天，有的几个月，有的甚至几年。

● JOPLING M, HADFIELD M. From fragmentation to multiplexity: decentralization, localism and support for school collaboration in England and Wales [J]. Journal for Educational Research Online, 2015, 7（1）: 49–67.

● EURYDICE. Evaluation of schools providing compulsory education in Europe [R]. Brussels: Eurydice, 2004.

在比利时德语区，候选人必须接受教育部提供为期几个月的强化培训，内容涉及学校评估过程各个方面。在西班牙，督导人员选拔过程的一个重要环节为专业培训和实践。在法国，国家总督导人员候选人须进行一年相应工作和培训。立陶宛、拉脱维亚、罗马尼亚及英国英格兰实施督导的人员为合约督导人员，只有参加学校评估的必修课程，才有资格进行法定督导评估。例如，英国英格兰编外督导人员督导前须接受5~6天评估讲习班，并配套督导实践。马其顿督导人员候选人必须完成由高级督导人员主持的专业培训课程，培训时长为3~6个月。

土耳其、立陶宛督导人员候选人培训时间更长，规定更加详细。土耳其督导人员成为候选人被任命为准督导人员，需经过三年培训，由考试委员会进行熟练程度测试以决定录取资格。立陶宛只有在候选人成功完成专门培训课程并获得督导人员资格后，才能实施评估。该国将督导人员划分为三个等级：评估人员（Evaluator）、评估导师（Mentoring Evaluator）和首席评估人员（Leading Evaluator），每三年更新一次资格。首次获取资格的候选人须完成80个小时理论培训和45个小时实践培训，至少参加一所学校的外部评估；更新资格的督导人员必须参加至少6项评估，并且接受至少90个小时培训。

（二）督导人员在新入职或试用期间需接受培训

有的国家则规定，新入职督导人员必须接受专业评估培训，并配备实践培训，如比利时弗拉芒区、爱尔兰、马耳他、英国。比利时弗拉芒区新入职督导人员有一年试用期并接受为期30天培训，将得到导师支持，聚焦于督导评估工作重点领域，并根据督导涉及的学段及个人发展计划获得量身定制的培训内容。❶ 北爱尔兰规定新任命督导人员试用期为一年，在此期间，遵循上岗人员培养计划，接受 12 周培训。苏格兰候选人一旦被任命为督导人员，将获得 9 个月试用期，并接受评估及影子学校督导（Shadowing School Inspections）的定制培训。马耳他要求新入职督导人员参加 3 个月入职培训，由质量保障部等资深督导人员进行培训；还安排经验丰富的同事给以指导，并由质量保障部教育助理主任监督。

（三）结合工作需求持续促进督导人员专业发展

波兰、葡萄牙、拉脱维亚、罗马尼亚、匈牙利等国根据工作进程为督导人员持续提供培训。葡萄牙督导人员在工作中须接受年度评估培训，其中包括葡萄牙教育督导局与外部专家（通常是高校人员）每年合作授予 21 小时进修课程。匈牙利教学督导人员为了保留在专家库中，需要定期参加由教育机构组织的在职培训计划，并达到评估记分卡规定分数，一般由被督导评估对象打分。爱尔兰、荷兰等国还通过提升学历的方式提高督导人员队伍水平。爱尔兰教育与技能部通过专项资金促进督导人员研究生学习，许多督导人员已经获得博士学位。荷兰也鼓励督导人员参加学历继续教育，提供博士学习机会，以提高督导人员专业水平。

二、督导人员培训内容

督导评估培训内容通常包括理论与实践课程两个模块。理论部分主要涵盖评估课程和管理课程，实践部分包括信息技术应用、沟通交流、写作等通识技能提升课程及督导评估实践操作课程。具体框架内容如图 9-2 所示。

---

❶ VAN DE GRIFT W. Quality of teaching in four european countries: a review of the literature and application of an assessment instrument [J]. Educational Research, 2007, 49（2）: 127-152.

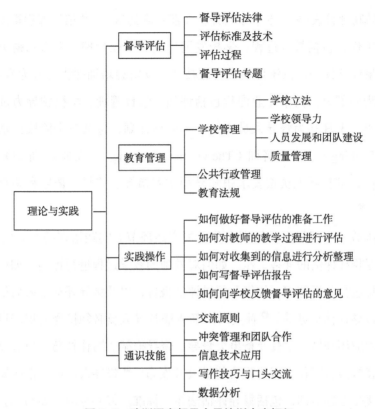

图 9-2 欧洲国家督导人员培训内容框架

资料来源：European Commission/EACEA/Eurydice. Assuring Quality in Education：Policies and Approaches to School Evaluation in Europe [R]. Luxembourg：Publications Office of the European Union，2015.

比利时德语区候选人将接受几个月的强化培训，针对评估过程各个方面，包括评估框架、评估技术、交流原则、冲突管理和团队合作，以及评估报告方法。奥地利督导人员在上任前后将接受学校管理方面的培训，课程涵盖学校立法、领导力和沟通、人员发展、团队建设及质量管理。

罗马尼亚督导评估候选人培训时长为 89 个小时，其中包括 60 个小时面对面理论和实践培训，24 个小时影子培训（跟随一名督导人员，即影子督导人员，填写评价表格），5个小时评估（演示和访谈）。❶培训课程重点围绕督导评估工作，包括教育过程、学校发展计划和学校管理、人力和财力等。还涵盖质量评估模型、系统评估和管理技能。立陶宛培训课程可分为专业课程、实践课程两部分，其中专业课程包括评估、学校管理、学校领导力及公共行政管理等。土耳其为督导人员安排三年培训计划，包括三个阶段：基础培训（Basic Training）、理论培训（The Oretical Training）、在职培训（On-the-job Training），准督导人员按要求跟随导师学习指导、监督、督导和调查等方面的工作。❷

英国威尔士督导人员培训十分重视实践环节。实践培训的主要内容包括：如何做好督导评估的准备工作、如何对教师的教学过程进行评估、如何对收集到的信息进行分析整理、如何写督导评估报告，以及督导评估结束后如何向学校反馈督导评估意见等。❸荷兰所有新入职督导人员必须接受通识培训，包括信息技术应用领域、学校及董事会督导、督导框架、写作技巧、口头交流；尤其重视督导报告写作，因为报告将被公开发布。❹督导人员可根据所属部门督导任务接受专题培训，包括督导评估法律、标准及督导专题，如幼儿教育、特殊学校教育、移民子女教育等；根据督导需求自己拟定主题，在实践中对案例进行思考。实践部分包括从观察督导到自己督导，循序渐进，往往较快就能开始工作。

---

❶ European Commission/EACEA/Eurydice. Assuring quality in education：policies and approaches to school evaluation in Europe [R]. Luxembourg：Publications Office of the European Union，2015.

❷ GURKAN T，DEVECI A. Comparison of the education inspection systems in Turkish Republic of Northern Cyprus，Turkey and U. K.（England）[J]. Social and Behavioral Sciences，2012，47：651–655.

❸ 赖水随 . 英国的督导制度及对我国的启示 [J]. 教学研究，2008（4）：308–311，322.

❹ EURYDICE. Evaluation of schools providing compulsory education in Europe [R]. Brussels：Eurydice，2004.

第四节　欧洲督导队伍建设对我国的启示

"十四五"时期，我国教育进入高质量发展阶段。站在新的历史方位，以高水平教育督导推动高质量教育体系建设，成为教育督导新使命、新任务。教育督导在推动教育事业优先发展、规范办学行为、提高教育质量等方面发挥着重要作用。教育督导的作用能否发挥好，关键看督导人员队伍质量与水平。目前，我国督导人员有 14.3 万多人，但督导人员制度建设还不够完善，专业化水平不高，不能满足现代化教育督导评估的要求。2020 年，中共中央办公厅、国务院办公厅印发了《关于深化新时代教育督导体制机制改革的意见》(简称《意见》)，重要任务之一是完善督导人员聘用和管理制度，提高督导人员专业化水平。欧洲国家已开展督导有 100 余年的历史，在督导人员队伍制度建设及专业发展上积累了丰富的经验。学习并借鉴欧洲经验，对我国建设高质量、高水平督导评估队伍有重要的现实意义。

一、丰富督导人员队伍构成

聘用多种类型人员加入督导队伍，提高督导质量。我国至少应设立六种类型督导人员，并明确各自职能和职责。一是国家督导人员。我国设立了国家督导人员，但职责定位比较狭义。国家督导人员应负责国家重大教育决策咨询、解决督导重大问题、实施督导质量监控及督导人员队伍培训等。二是专职督导人员。我国政策规定，专职督导人员由县级以上人民政府按照干部人事管理权限和程序任命。但在实际工作中，专职督导人员与兼职督导人员划分不严格，长期从事督导工作的兼职督导人员被视为专职督导人员。因此，需要明晰专职督导人员职能定位，按工作性质划分为督政督导人员与学校督导人员，且督政督导人员的身份必须为公务员。三是兼职督导人员。我国对兼职督导人员聘任及任期已有较为明确的规定，未来政策可进一步延长兼职督导人员聘期，有利于提高队伍的稳定性。四是志愿督导人员。聘请人大代表、政协委员、社区委员、家长等不从事教育工作但热心关注教育的人士接受一定培训后参与督导工作。五是同行督导人员。聘请一线校长、副校长等作为同行督导人员参加学校督导工作，既有利于传播本校经验，也有利于学习他校经验。六是专家团队。从高校、研究机构等聘请教育、心理、管理、评价及监测等领域专家参加督导，有助于提升督导工作质量。

二、提高督导人员任职标准

提高督导人员任职标准，明确规定现代化督导必需和能力要求。我国《教育督导条例》规定了督导人员队伍入职资格，但标准较低。随着教育现代化推进，教育活动日益复杂，当前督导人员的任职标准已不能满足工作需求。应适当提升督导人员任职学历、扩大专业领域需求并增加知识技能要求。一是提升学历要求，即在大学本科学历基础上优先考虑研究生学历。二是扩大专业领域要求，从规定的"教育管理、教学或教育研究"扩大到"心理、审计、评价、监测、统计"等领域，尤其重视将监测、评估领域的人员吸纳到督导人员队伍。借鉴一些国家的经验，也可吸引高校相关研究领域的教师加入专职督导队伍。三是增加知识技能要求，鉴于督导工作的综合性、组织性、指导性较强，应在"具备教学经验、深入一线"的基础上增加"拥有一定管理能力"的要求；除了现有规定"熟悉教育政策法规、督导业务"，还要增加现代化督导必备的能力要求，如具备较强的组织协调能力和观察、表达、写作、信息技术与数据分析能力等。

三、分类实施督导人员资格认定制度

分类实施督导人员资格认定制度，逐步实行以考试为主的多种聘用制度，兼职督导人员实行督导绩效积分卡管理制度。我国政策规定以推荐为主的督导人员聘任方式；欧洲大部分国家实行公开选拔、竞争上岗的聘任机制。我国督导人员队伍庞大，各省份可以考虑使用"考试＋其他"选拔方式。例如，可学习土耳其经验，除了通过专门考试获取督导人员资格，也可选择参加公务员考试，且须达到公务员录用的最低标准，再通过面试录取。借鉴罗马尼亚、匈牙利督导人员专家库管理的经验，我国对兼职督导人员可实行入库管理，即申请者基本条件达到后，名单将被列入督导人员库。在此期间，须按规定完成课程培训，并接受督导绩效积分卡管理，积分主要来自被督导对象，在一定时期内，督导绩效积分低于规定分数的督导人员，其名单将从督导人员专家库中剔除。

（一）分类实施督导人员资格认定制度

（1）审核认证。对于符合条件的国家督导人员，可实行"推荐＋审核"的方式进行认证。

（2）"考试认证＋实习"。对于符合督导人员基本条件的人员，必须经过由相关机关组织的统一考试合格，以及至少一个月的实习，合格后方可予以聘任，由各级政府颁发统一的资格证书。此制度适用于专职督导人员。

（3）"考试认证＋培训"。对于符合督导人员基本条件的人员，必须经过由相关机关组织的统一考试合格，以及至少三个月的职前培训，合格后方可予以聘任，由各级政府颁发统一的资格证书。督导人员在取得资格证书后，可实施注册制度，定期予以资格审核与认定。此制度适用于兼职督导人员。

（二）分级、分类督导人员聘任及管理

在组织结构上形成由国家总督导人员，省、自治区、直辖市主任督导人员，地、市和县（区）督导人员的金字塔结构。国家督导人员为最高级督导人员，由国务院督导委员会任命。

分级：探索建立适应督导人员工作规律的专业技术职务制度，以及与之相应的督导人员分级管理制度。设立不同的督导人员发展序列，对不同等级的督导人员进行分级考核、评聘和奖励。

分类：在实施国家督导人员资格认证工作中，可逐步考虑督导人员工作的专业性与多样性，明确督导人员的资格分类，将行政类督导人员与专业技术类督导人员进行科学划分，行政类督导人员实施督政，专业技术类督导人员实施专业督导、监测。两类人员密切配合，各司其职，充分发挥专业督导的优势与合力。

四、建立分级分类督导人员培训体系

（一）设立督导人员专业标准

督导人员是履行教育督导工作职责的专业人员，需要经过严格的培养与培训，具有良好的职业道德，掌握系统的专业知识和专业技能。《督导人员专业标准》是国家对合格督导人员的基本专业要求，是督导人员开展教育督导活动的基本规范，是引领督导专业发展的基本准则，是督导人员准入、培训、考核等工作的重要依据。

（二）建立健全督导人员培训制度

从欧洲经验看，督导人员在选拔、试用、入职及入职后四个阶段都有可

能接受培训，培训前置是大部分国家的做法。从现实情况看，我国需要从政策上强制性要求新入职督导人员接受至少 1~3 个月的系统性培训，并要求各级政府提供一定的经费支持。各级督导机构可根据实际需求实施职后培训，对有一定督导工作经验的督导人员定期集中培训，对理论素养和专业能力较强的督导人员提供高级研修培训，培养一批有领导力、专业素养强的高级督导人员。培训内容包含理论和实践两部分，具体开展教育政策法规、教育督导与评估理论、教育管理等课程培训，加强观察、访谈和焦点小组访谈等督导评估方法培训。此外，还应设置沟通协调、应急管理、写作及大数据时代督导工作所需的信息技术应用与数据分析等通识能力课程培训。鼓励督导人员在职提升学历，通过继续教育方式促进专业持续发展。

督导人员培训机构对照整体督导人员队伍的实际情况，依据体系制订完善督导人员培训计划，科学设置督导人员培训课程。立足督导人员不同发展阶段、不同能力水平，实施分层培训。也就是说，对新任督导人员开展知识、能力及态度普及性培训，提升政治理论、法律政策、民主沟通、终身学习、督导评价等通识素养；对有一定督导经验的督导人员，加强理论知识和实践能力培训，增强督导理论与方法、学校管理、评估监测等专业知识与能力；对经验丰富、具有较高能力水平的督导人员，加强督导评价理论研究、督导规划与设计、督导反馈与指导、信息化应用等能力的培训，促使其成为教育督导专家。❶

五、建立督导人员监督考评制度

更新《督导人员行为准则》，构建以内部监督和外部评价相结合的督导人员监督、考评制度。

---

❶ 武向荣，张宁娟. 欧洲督学队伍制度建设的经验与启示 [J]. 教育探索，2022（1）：89-93.

（一）更新《督导人员行为准则》

1996 年，国家教委关于印发《关于加强教育督导队伍建设的几点意见》和《督导人员行为准则》的通知，首次规定了督导人员行为准则。2013 年，国务院教育督导委员会办公室印发《中小学校责任督导人员工作守则》，进一步规定了责任督导人员的工作守则。该行为准则仅针对责任督导人员，并未覆盖所有督导人员。随着新时代要求和督导工作性质的变化，建议国家更新《督导人员行为准则》，在 2013 年基础上重新发布新版《督导人员行为准则》，将其作为督导人员监督考核的依据。

（二）建立健全督导人员内部监督和外部评价制度

针对教育改革的复杂性和督导工作的重要性，我国亟待建立健全督导人员内部监督和外部评价制度，以提高教育督导的权威性。成立在国家教育督导委员会领导下由非督导人员组成的监督委员会，对督导人员队伍进行内部监督。各级政府建立对本级教育督导机构的监督制度，各级教育督导机构要完善对下级教育督导机构的监督，健全教育督导岗位责任追究机制。教育督导机构加强对督导人员工作的有效监管，要对督导人员的工作质量及在实施督导时遵守有关规定情况进行定时监控。严格实行分级分类管理，对督导人员的违纪违规行为要认真查实，严肃处理。主动公开挂牌督导人员的联系方式和督导事项等，广泛接受社会监督，及时受理对督导人员不当行为的举报，经查实后依法依规进行教育与处理。建立外部评价机制，定期、主动让被督导对象如学校等评价督导工作及效果。

（三）建立健全督导人员考评制度

定期开展问卷调查，重视被督导对象对督导机构及督导人员的评价，把考核结果纳入绩效考核。依据考核结果，实行督导人员退出机制，清退不作为的督导人员。实行评优表彰机制，定期表彰、激励督导人员在工作中更好地发挥作用，提高督导的实效性。

第十章 学校督导评估发展的特征及建议

从前述章节可知，过去几十年里，新教育督导系统已经得到充足的发展。学校督导评估在教育政策中越来越扮演着核心战略的角色，成为教育问责、改进、规划和政策发展的重要工具。根据前述内容可以总结出，伴随公共治理新理念，学校督导评估呈现出一些新特征，如行政职能、强调评价功能、督导专业性日益增强，督导方式从控制转向协调、咨询和支持，督导模式从全面督导到按比例督导，督导主体从单方主导式督导转向多元利益相关者协作式督导，督导对象从单个学校督导转向学校网络督导等。

第一节 学校督导评估发展的特征

一、强调学校督导的评价功能

新督导力图行政监督职能，更加聚焦评价职能，这是历史演进中的时代要求，其实质是从直接的硬治理监控转向间接的、软治理控制方式，评价充当了间接治理的工具。[1] 为了区分行政职能和评价职能，过去几十年，实施督导的国家试图通过建立新机构或强调"独立专家角色"，以与行政体系保持一定

---

[1] CHRISTINE HUDSON. Evaluation—the（not so）softly approach to governance and its consequences for compulsory education in the Nordic countries [J]. Education Inquiry, 2011, 2（4）: 671-687.

距离或独立性。❶通过使用从社会科学中获得的方法和工具，即通过社会科学专业知识来丰富其运作，使督导评估功能专业化。"新督导"不是按照老式的、控制性的行政标准监督学校；相反，力求形成一支新型专业评价队伍，努力与教育研究的最新发展保持密切的联系。

二、督导方式转向协调、咨询和支持

在新公共管理思潮的影响下，教育督导部门可能采取合作式、官僚化或技术化的督导模式。前一种模式强调自我责任感、自我评价和自我调节，后一种模式侧重规则、程序、问责、遵守和制裁。这种区别通常表现为督导风格迥异，在咨询方法中，说服、咨询和指导是督导的主要职能。而在规则风格中，执行规则、问责是督导的主要任务。❷有的国家表现为前一种，如爱尔兰教育督导注重合作、支持与自我评价；有的国家表现后一种，如英国教育督导的主要功能为监督、评价及问责，教育标准局扮演着强有力的独立的捍卫者。还有一些国家，督导机构力图将控制、问责与支持相结合，这对督导人员的知识与技能要求更高，既要具备较高的督导评价能力，又要具备指导、服务能力。

三、督导主体从单方主导式督导转向多元利益相关者合作式督导

参与式发展理论是一种微观发展理论，强调尊重差异、平等协商，在

---

❶ ALTRICHTER H, KEMETHOFER D. Does accountability pressure through school inspections promote school improvement? [J]. School Effectiveness and School Improvement, 2015, 26（1）: 32-56.

❷ MCGARVEY N, STOKER G. Intervention, inspection, regulation and accountability in local government. DETR—Interim literature review [R]. London: DETR, 1999.

"外来者"的协助下，通过社区成员积极、主动地广泛参与，实现社区可持续性、有效性发展，使社区成员能够共享发展的成果。● 该理论渗透在教育督导实践中，表现为"外来者"——督导机构不断创建与系统内所有利益相关者共享信息的机制，促使系统内外者共享发展成果。利益相关者共享督导评价过程（Shared Ownership of the Evaluation Process）正在呈快速发展的趋势。使不同的利益相关者感到自己是督导过程一部分的优势已得到广泛认可，陪伴学校共同成长（而不仅是监控）正在成为重要的督导战略。

四、教育督导对象从单个学校督导转向学校网络督导

在世界许多国家，教育系统朝着横向结构、分散决策的方向发展，即学校通过网络协作方式提供教育并提高教育质量。教育系统改革要求督导机构采用自下而上的网络问责和评价模式，替代当前由中央机构自上而下评价学校的模式。❷ 例如，英格兰多学院信托基金集团经营多所院校，建立了强大的学校协作网络。该网络的建立和发展要求教育标准局调整督导方式。现有督导评估框架不适宜学校网络合作评价，网络合作评价模型须考虑网络成员之间的关系、网络结构、过程及内部机制。❸ 近年来，英国教育标准局越来越重视被督导学校从管理机构获得支持及该校给他校提供支持，以此作为判断学校领导素质的标准。

---

❶ ALTRICHTER H，KEMETHOFER D. Does accountability pressure through school inspections promote school improvement? [J]. School Effectiveness and School Improvement，2015，26：1：32–56.

❷ KAREN L J，et al. The unintended consequences of school inspection：the prevalence of inspection side-effects in Austria, the Czech Republic, England, Ireland, the Netherlands, Sweden, and Switzerland [J]. Oxford review of education，2017，43（6）：805–822.

❸ 黄磊，胡彬，刘桂发 . 参与式发展理论：一个文献综述 [J]. 大众科技，2011（11）：231–233.

五、学校督导评估标准从学业成绩扩大到社会学习成果

传统上，大多数国家根据学生学业成绩定义教育质量，学校督导评估工作注重达到学术标准，如数学和读写能力等学术技能。新督导越来越多重视社会学习成果，这反映了各国重新定位学校教育功能，即让年轻人社会化，拥有广泛的软技能和硬技能，具备作为未来合格公民的能力。❶一些欧洲国家，越来越多地将非学术能力如公民素养和社会能力纳入学生评估和课程设计。例如，苏格兰卓越课程旨在"使每个年轻人成为一名成功的学习者、一个自信的人、一个有效的贡献者和一个负责任的公民"。

六、学校督导评估模式从全面督导转向按比例督导

为了减轻学校负担并提高督导效率，越来越多国家重视在学校自我评价基础上采用按比例督导和基于风险的督导模式。价值判断通常来自学校自我评价报告、学校发展计划、教学质量现场观察内容、学校变革能力及各种督导活动。例如，英国、荷兰、爱尔兰根据考试结果分析、判断风险。荷兰和瑞典使用媒体信息确定与所提供的教育质量相关的风险程度。瑞典还根据国家考试的等级和结果，上一轮督导观察结果，学生、家长和老师的投诉及问卷调查结果等获得风险信息。各国使用按比例督导模式的特点不相同，主要取决于每个国家的学校自我评价能力、地方评价基础设施和支持能力等。

七、教育督导队伍与方法的专业性日益增强

督导评估是一门专业，督导人员不同于技术专家，督学选拔和培训很重

---

❶ EUROPEAN UNION. Comparative study on quality assurance in EU school education systems—policies, procedures and practices [R]. Luxembourg：publications house of European Union，2015.

要。例如，英国对所有督导人员进行全面、高质量的培训，向督导人员讲授督导框架背后的理论和基础知识，以及督导实践和方法。这些国家定期更新培训，并在需要解决新问题时引入新培训。教育督导的专业性还体现为督导人员专业判断与人工智能的结合。有些国家运用大数据支持风险督导，使用人工智能（AI）算法发现上次被评为"良好"但绩效可能下滑的学校，即在决策的第一阶段使用"监督式机器学习"，然后运用督导团队的专业知识进行最终判定。使用 AI 技术具有很大的潜力，可以为专家判断提供依据，从而进一步增强督导的专业性。

第二节　国际比较视野下我国学校督导评估的特色及建议

自中华人民共和国成立以来，伴随着教育事业快速发展，我国教育督导体系不断丰富和完善。通过国际比较可以发现，我国教育督导有些方面与西方国家存在共同点，有些方面则呈现自身特色。我国教育督导形成了管理更加协同、体系更加全面、更加注重公平价值取向、更加注重督政、更加注重问责职能、独具中国特色的教育督导体系，具体表现如下。

一、我国学校督导评估旨在保障教育公平与教育质量

从世界范围看，保障公平而又卓越的教育是教育督导部门的共同目标。然而，在实际工作中，大部分国家将学校督导视为教育质量保障的重要手段，较少国家对教育公平专门实施督导。[1] 实际上，西方国家存在严重的社会阶层固化，随之而来的教育不公平已成为顽疾痼瘫，而教育不公平又加剧了社会阶

---

❶ 武向荣. 国际比较视野下中国特色教育督导研究 [J]. 教育学术月刊，2022（12）：57-64.

层分化。相反，对于社会主义国家，教育公平是社会公平的重要基础，也是社会主义教育的根本属性。我国将促进教育公平作为国家基本政策，教育督导的根本任务之一是保障教育公平发展。三十多年来，我国教育督导机构成功地为义务教育公平发展保驾护航。我国于2012—2022年实施并完成了县域义务教育均衡督导评估工作，2019年又开启了义务教育优质均衡发展督导评估工作，大力提升了农村学校办学条件，有效缩小区域内学校之间的差距。我国几十年开展义务教育均衡发展等督导评估工作，有力促进了教育公平发展，体现了我国教育督导始终坚持人民立场的价值追求，彰显了中国特色社会主义制度优势。

二、我国学校督导评估重在履行宏观监督管理的职能

西方国家运用督导评价手段引导教育系统按照市场机制的方式运作，提高了教育效益，但损害了教育公平。该种运作机制有利于把资源倾斜到更好的学校和家庭，却进一步损害弱势群体的利益，导致更大的教育不平等。比较而言，我国则强调通过学校督导发挥宏观监督管理职能，提升学校治理现代化能力。教育督导部门运用督导手段，对各级各类学校和相关教育机构运行与活动进行监督、督导和评估，及时问责学校和相关教育机构偏离国家政策、法规、教育方针的行为，监督指导学校依法依规组织教育活动的开展，对于不符合规定的教育活动勒令其进行整改，对于不能按时完成整改的学校则进行批评、约谈和通报，保证学校教育高效、健康发展。

三、我国教育督导管理体制拥有高度的整体性、系统性与协同性

教育督导管理体制与各国的政治体制、文化传统等因素紧密相连。基于

中央放权、地方自治的分权治理理念，对应四级教育管理体制，我国建立了国家、省、市、县四级教育督导体系。教育督导机构设置表现为级别高、权威大。在国家层面，教育部设置教育督导局，制定教育督导规章制度和标准；在地方层级，各级政府设置督导部门负责督导本级政府教育，办事机构一般设在同级教育部门，呈半依附关系。比较而言，国外大部分国家仅设立了中央一级教育督导机构或中央与地方两级教育督导机构，且隶属于教育部门（英国、新西兰等除外）。我国教育督导机构更为显著的特征表现为具有较高的合作性与协同性。教育部协同中共中央组织部、中共中央宣传部、国家发展改革委、财政部等18个部委，形成了教育督导部门、教育部门、行政部门联动治理的组织架构。鉴于教育问题的长期性、多样性和复杂性，协同治理的组织架构不仅提高了教育督导机构的工作权威性，而且有助于促进其他部门共同监督支持教育事业发展。

四、我国学校督导评估坚持督政与督学相结合

区别于西方国家重督学，我国长期坚持督政与督学相结合。中国特色教育督导制度显著特征表现为重于督政，不仅遵循了悠久的文化传统，更表现为在价值定位与组织形式上与我国治国理政的价值追求和组织形式高度统一。我国地方政府是推进学校教育质量与公平发展的第一责任人，国家及省级教育督导机构监督地方政府保障教育优先、公平且有质量的发展，是一种效率高、效果好的治理模式。另外，区别于西方国家，我国实施中小学责任挂牌督导，由县（市、区）人民政府教育督导部门为区域内每一所学校设置责任督学，对学校进行经常性督导，及时发现和解决学校改革发展中出现的问题，推动学校端正办学思想，规范办学行为，实施素质教育，提高教育质量，实现内涵发展。我国还实施中小学校长任期结束综合督导评估，激发了办学活力，着力提升中

小学管理水平，推动中小学规范办学行为，不断提高育人质量和办学水平，让每个孩子享有公平而有质量的教育。

五、我国创建督导评估结果与政绩挂钩、执法联动的问责机制

我国明确强调教育督导关键是"长牙齿"，要求深化改革、切实发挥督导作用。为落实教育督导问责制度，2021 年国务院教育督导委员会印发《教育督导问责办法》，将督导结果与政绩考核挂钩；并对各类学校存在不履行教育职责的问题，进行公开批评、约谈、通报、资源调整、撤销办学资格或吊销办学许可证等问责，提交有关部门依照职能和权限进行内部监督和责任追究。比较而言，西方国家鲜有专门出台实施督导问责的制度和办法，也较少将督导结果与政绩考核挂钩；督导部门对被督导单位仅有公开督导报告权、建议权和追踪整改权，问责的实质权在教育部等相关职能部门。例如，英国教育标准局按规定将督导评级最差的学校名单提交国务大臣，由国务大臣最终决定是否关闭学校。我国教育督导问责制度将督导结果与政绩考核制度挂钩，能够实质性推动地方政府转变政绩观，把优先发展教育放在第一位。

综述以上内容可以发现，中国与西方学校督导评估分别呈现以下特点。在价值定位上，西方国家注重提高教育效率、保障教育质量；我国教育督导则将教育公平放在首位，同时注重教育质量提升。从管理体制上看，西方国家教育督导机构独立或依附教育部门，教育督导、评价与监测由不同部门实施与管理；我国教育督导机构由政府设置，半依附于教育部门，实行督导、监测与评价一体化管理。从督导对象上看，西方国家以学校督导为主，兼顾督导管理学校的部门及其他相关服务机构；我国主要督导地方政府及学校教育履行情况。从运行机制上看，西方国家通过督导将市场机制引入教育，促使学校之间展开竞

争，以提高办学效益与质量；我国教育督导注重履行宏观监督职能，促进地方政府优先发展教育，促进学校规范办学。从督导标准看，西方国家教育督导框架以学生福祉为核心，注重办学过程和结果指标项的设计；我国教育督导多以法律法规政策为依据，督导办法多表现为投入及过程性质的指标。从督导方式上看，西方国家倾向于通过专业评价及其他社科方法寻求证据；我国倾向于运用行政检查的手段并配以适量监测评价的方式。从结果使用上看，西方国家教育督导逐步从问责转向协调、咨询和指导；我国则强调增加督导的问责性，以增强督导的权威性。中国与西方教育督导比较的具体内容如表 10-1 所示。

表 10-1　中国与西方教育督导比较

类别	西方教育督导	中国教育督导
价值定位	效率与质量保障	公平与质量提升
管理体制	独立型或依附型；分散管理	半依附型；归口管理
督导对象	以督学为主兼顾督政及其他	督政结合督学
运行机制	市场机制：择校与竞争	政府宏观监督管理；优先发展教育；规范办学
督导标准	教育质量标准：以学生福祉为核心，注重过程与结果	合规性标准：以政策落实为中心，注重投入与过程
督导方式	循证督导及专业评价	行政检查及监测评价
结果使用	强调从问责转向协调、咨询和指导，增强改进功能	强调"长牙齿"，执法联动，增强督导权威

基于以上中西方学校督导评估的比较分析，本书试图提出几点学校督导评估未来发展的建议，主要包括以下几个方面内容。

建立综合质量观，提供更准确的学校画像。从未来的发展来看，应从多个维度衡量学校和学生表现，而不是单纯以分数评估学校和学生。不同的衡量标准能够包容各种关于学校绩效的观点，并将其组合起来，提供更为精准的学校画像。较多国家向学校提供学生增值数据及学生入学期间的进步数据。增加反映认知测量的背景因素、学校和学生结果的学校质量指标类型，如学校氛围、教师氛围、学生动机和课堂氛围等。需要收集包括学校全体人员的福祉等各方面、多类型的数据，形成一幅学校全面发展的图景。考虑使用各种工具，通过更广泛地传播，满足学校督导与自我评价的不同需求。

紧密结合内外部评价，合力提升学校教育质量。学校督导评估办法包括运用一系列机制对系统的总体表现、政策落实情况、学校及教职工工作成效、学生成绩等进行监测。学校督导评估机制提供了政府层面决策和资源配置的重要数据，而自我评估则提供了更加翔实及时的数据，以供学校层面的发展和教学支持。督导评估机构可与学校共同研究确定学校教育战略和方案，促进提高学校办学质量。若要发挥评价的影响力，自评必须与督导评价紧密结合。比如，有的国家开始只搞学校自评，但实践一段时间后发现，自评真正起到作用是在引入督导评估之后。

共同分担责任，增强利益相关者之间的理解和对话。从世界发展趋势看，教育系统越来越多地将治理责任分配到国家、地方和学校。各方有更公平的责任分担来参与和支持学校的发展、学生的学习成果。单方治理向多方治理的转变，需要制度文化的转变，也需要个人心态的变化。可以把学校督导评估作为提高教育质量的手段，进一步加强学校和督导人员的行为目标，进一步重视督导评估工具的质量，增加人们对制度公平性、权威性和专业性的信任。而利益相关者的信任，也有利于双方在思想上的交流，在解决方案上寻求创新。未来，应当支持学校自我评价以及教师发展和创新，也可以组织校长、教师开展同行评议。

用好监测数据，提升学校自我评价水平。建立教育质量监测体系，生成数据，培养教师解释和使用数据的能力。对区域及学校相关人员的能力发展进行培训，有助于数据生成、解释和使用的技能，并发展学校内部其他成员支持评价，这是确保自我评价支持学校发展的重要因素。学校需要在如何产生数据的能力建设上投入资金，例如，如何确定跟踪学校进展的指标，以及如何解释评估和质量监测中得到的数据，并在确定需要改进的领域中调整策略等方面，建立共同的认识。这样的知识和技能对保证更高的评估质量会有帮助。

充分应用信息化技术手段，加速学校督导评估方式的创新。目前，数字化督导替代实地督导正在引领未来督导方式变革潮流。我国教育督导机构需要不断研究如何利用信息技术手段，加强数字化督导。首先，建立自助提交门户网站，允许家长等利益相关者在线提交投诉，要求地方政府及学校在线提交数据，这是迈出数字化督导关键的第一步。其次，基于大数据实施人工智能算法，不仅能够实现风险自动分类，还可提高数据的安全性、合规性并实现督导长期成本优化，这对督导部门非常重要。最后，将数字督导清单与平板电脑等移动设备密切关联，可提高数字化督导的准确性与可读性。事实上，一些国家已经迈出了更大的一步，在实地督导检查时运用平板电脑拍照和录像，图像随即附在督导结果报告中。为了做好数字化督导，督导部门需要建立自助数据库，整合并构建国家统一、分级使用、开放共享的教育督导信息化平台，强化信息整理、分析、评价，逐步形成由现代信息技术和大数据支撑的智能化教育督导体系。

参考文献

[1] 安雪慧，周宜笑.以中小学校建设标准体系有力支撑教育强国建设 [J].中国基础教育，2024，（10）.

[2] 曹飞.形成性评价前沿动向及借鉴 [J].湖南师范大学教育科学学报，2024，23（2）.

[3] 曹培杰，王阿习.新一代数字技术何以赋能教育评价改革 [J].人民教育，2023（20）.

[4] 陈卫军.大力推进民族地区义务教育均衡发展 [J].中国民族教育，2019（Z1）.

[5] 陈聪富.学校发展性督导新探索 [M].杭州：浙江工商大学出版社，2019.

[6] 陈惠英.学校评价——优质学习场域的构建路径 [M].郑州：大象出版社出版，2019.

[7] 陈如平.以系统性评价改革构建良好区域教育生态 [J].中国基础教育，2023（8）.

[8] 程蓓.欧洲国家督学队伍培训工作经验及对我国的启示 [J].外国中小学教育，2019（5）.

[9] 褚宏启.基于学校改进的学校自我评估 [J].教育发展研究，2009，29（24）.

[10] 储朝晖.深化教育评价改革的思考与建议 [J].河北师范大学学报（教育科学版），2021，23（05）.

[11] 崔保师，邓友超，万作芳，等.扭转教育功利化倾向 [J].教育研究，2020，41（8）.

[12] 杜文平.德国协商式教育督导评价的实施——基于海德堡市斐特略公爵文理中学 [J].外国中小学教育，2015（11）.

[13] 邓志伟，等.发达国家教育督导制度与实践研究 [M].上海：上海三联书店，2022.

[14] 丁笑梅.英国学校发展性督导评价改革及其启示 [J].比较教育研究，2003（8）.

[15] 甘肃省教育厅中英甘肃基础教育项目领导小组办公室.学校督导的实践与探索 [M].兰州：甘肃民族出版社，2006.

[16] 顾佳妮，杨现民，郑旭东，等.数据驱动学校治理现代化的逻辑框架与实践探索 [J].现代远程教育研究，2020，32（5）.

[17] 韩立福.论我国学校教育督导评估范式的转型策略 [J].教育理论与实践，2006（5）.

[18] 郝志军 . 以综合评价改革开创区域教育发展新局面 [J]. 现代教育，2020（8）.

[19] 赖德胜 . 在教育强国建设中促进全体人民共同富裕 [J]. 教育研究，2023，44（6）.

[20] 黄晓磊，邓友超 . 学校活力评价指标体系构建——基于德尔菲法的调查分析 [J]. 教育学报，2017，13（1）.

[21] 李鹏，朱德全 . 公平与发展：中国义务教育督导绩效的实证研究 [J]. 教育学报，2016，12（2）.

[22] 李文婧 . 德国的教育督导制度探析 [J]. 郑州师范教育，2013.（5）.

[23] 李津石 . 经合组织：重返校园的短中期规划 [J]. 世界教育信息，2020，33（10）.

[24] 李凌艳，李勉，张东娇，等 . 基础教育阶段学校评估的国际比较 [J]. 北京师范大学学报（社会科学版），2010（2）.

[25] 李晓强 . 论欧盟教育政策的价值目标及其面临的挑战 [J]. 外国教育研究，2008（7）.

[26] 李永智 . 教育数字化转型的构想与实践探索 [J]. 人民教育，2022（7）.

[27] 刘贵华 . 新时代教育考试评价的创新取向 [J]. 中国考试，2023（1）.

[28] 刘朋 . 欧美等国中小学校评估指标体系设计经验及其启示 [J]. 教育测量与评价（理论版），2015（5）.

[29] 刘朋 . 对学校发展性教育督导的再认识——考察英国学校督导工作引起的思考 [J]. 上海教育评估研究，2018，7（3）.

[30] 刘龙珍，殷新，张鸿 . 数字化赋能学校督导评估：基本逻辑、现实困境与推进路径 [J]. 电化教育研究，2024，45（7）.

[31] 刘昊 . 学前教育督导评估——国际比较与本土思考 [M]. 北京：人民教育出版社，2022.

[32] 刘云生 . 全球教育评价研究报告（No.1）[M]. 北京：社会科学文献出版社，2024.

[33] 凌飞飞 . 当代中国教育督导历史研究 [M]. 北京：中国社会科学出版社，2016.

[34] 罗甫章 . 实施发展性督导评估促进学校自主性内涵式发展 [J]. 教育科学论坛，2016（14）.

[35] COSTA L A，KALLICK B，宋倩 . 学校：引导学生自我督导 [J]. 基础教育参考，2006（10）.

[36] 乐毅 . 我国教育督导与评估亟待解决的三大问题 [J]. 上海教育科研，2008（2）.

[37] 卢立涛 . 发展性学校评价在我国实施的个案研究 [M]. 重庆：重庆大学出版社，2012.

[38] 金兰，李迪．对英国教育标准局飞行督导的研究 [J]．上海教育评估研究，2020，9（5）．

[39] 简·查普伊斯，史蒂夫·查普伊斯．理解学校评价：促进学生学习的家长与社区指南 [M]．赵士果，译．上海：华东师范大学出版社，2020．

[40] 教育部基础教育课程教材发展中心．为教育前行保驾护航：教育督导制度创新解读 [M]．北京：教育科学出版社，2015．

[41] 马嘉宾，王建，汪明．高中考试招生制度改革的问题与建议 [J]．教育研究，2014，35（7）．

[42] 马晓强．建构适应素质教育要求的学校督导评估指标体系 [J]．中小学管理，2008（1）．

[43] 马晓强．增值评价：学校评价的新视角 [M]．北京：北京师范大学出版社，2012．

[44] 孟照海．推进新时代教育评价改革难在哪里 [J]．人民教育，2023（20）．

[45] 宁本涛．提升学校教育督导效能的校长满意度研究 [J]．教育研究，2015，36（2）．

[46] 聂岸远．中国教育督政制度面临的现实挑战及发展建议 [J]．中国基础教育，2024（7）．

[47] 钱一呈．外国教育督导与评价制度研究 [M]．北京：中央广播电视大学出版社，2006．

[48] 曲玲．新西兰教育督导制度之研究及启示 [J]．教育测量与评价（理论版），2011（9）．

[49] 任春荣，辛涛．美国学校评价问责政策可操作性特征分析 [J]．中国考试，2023（2）．

[50] 任玉丹，边玉芳．美国学校增值性评价模式研究 [J]．比较教育研究，2012，34（2）．

[51] 孙河川，刘文钊，王小栋，等．英国最新教育督导评价指标述评 [J]．比较教育研究，2011，33（3）．

[52] 孙河川，郑弘．学校教育质量评估标准研究：基于教育督导的视角 [M]．北京：九州出版社，2015．

[53] 孙玉洁．国外教育督导职能的历史演变及其启示 [J]．沈阳师范大学学报（社会科学版），2003（4）．

[54] 孙卫刚．校本督导——基于学校内涵发展的新型督导方式 [M]．南京：河海大学出版社，2021．

[55] 苏君阳．学校督导评估应兼顾规范性与发展性 [J]．中国民族教育，2023（3）．

[56] 苏君阳，杨颖秀，李帅军．教育督导学 [M]．北京：北京师范大学出版社，2012．

[57] 田瑾，侯浩翔．美国教育督导制度发展的历史、特征与启示 [J]．现代教育科学，2020（6）．

[58] 田慧生. 坚持数据为本，实施监测评估 [J]. 人民教育，2017（Z3）.

[59] 田祖荫. 教育督导事业发展呼唤高质量教育督导研究 [J]. 中国教育学刊，2023（1）.

[60] 涂文涛，刘东，吉文昌. 教育督导新论 [M]. 北京：人民教育出版社，2015.

[61] 王嘉毅. 立足基点战略定位系统推进基础教育高质量发展 [J]. 人民教育，2023（17）.

[62] 王璐. 英国教育督导与评价：制度、理念与发展 [M]. 北京：高等教育出版社，2010.

[63] 王璐，车金恒. 强化学校自我评价，提高督导效能——英国学校督导评价最新发展趋势 [J]. 比较教育研究，2011，33（10）.

[64] 王璐，王小栋. 英国第三方教育评估的发展与规范：基于英国独立学校督导团的研究 [J]. 外国教育研究，2018，45（2）.

[65] 王薇. 学校评价结果的解释模型研究 [M]. 北京：教育科学出版社，2017.

[66] 武向荣. 美国、新加坡等国家和地区学校质量督导评估实践及其启示 [J]. 教育测量与评价（理论版），2016（3）.

[67] 武向荣，左晓梅，程蓓. 我国督学专业素养能力构成体系及实施建议 [J]. 教育测量与评价，2021（12）.

[68] 谢梅，高霞. 学校自主发展督导实践探索 [J]. 中国教育学刊，2013（5）.

[69] 徐昌和. 中美学校评价比较研究组织、标准与实施 [M]. 上海：上海交通大学出版社，2016.

[70] 杨帆. 学校决策现代化与教育督导方式变革 [J]. 福建教育学院学报，2020，21（4）.

[71] 余蓉蓉. 新西兰中小学校评价体系：构成、特点及启示 [J]. 教育测量与评价，2022（1）.

[72] 于发友，陈时见，王兆璟，等. 笔谈：新时代教育评价改革的逻辑向路与范式转换 [J]. 现代大学教育，2021，37（1）.

[73] 左晓梅. 我国普通中小学校督导评估方案述评 [J]. 教育测量与评价（理论版），2011（10）.

[74] 赵德成. 英国学校督导体系变革的特点及其启示 [J]. 外国教育研究，2011，38（2）.

[75] 赵德成，张东娇. 当前美、英、日三国学校评估的新特点及启示 [J]. 比较教育研究，2010，32（6）.

[76] 赵学勤. 学校内部教育评价系统分析 [J]. 教育科学研究，1999（3）.

[77] 曾德琪. 美国教学督导的历史发展及其作用之演变 [J]. 四川师范大学学报（社会科学版），1995（3）.

[78] 张瑞海. 中小学诊断式督导：意蕴与实施 [J]. 上海教育科研，2021（7）.

[79] 张姝，黄培森. 英国中小学督导制度的新进展及启示 [J]. 首都师范大学学报（社会科学版），2015（5）.

[80] 张勇，王健. 区域实现学校效能增值的督导评估探索 [J]. 世界教育信息，2012，25（14）.

[81] 张德伟. 日本的教育督导制度与学校评价 [J]. 哈尔滨工业大学学报（社会科学版），2006（2）.

[82] 张彩云，武向荣，燕新. 我国督学队伍现状及发展策略——基于 16 个省的实证分析 [J]. 教育科学研究，2020（11）.

[83] 张家勇. 我国教育评价体系建设的进展、挑战及路径选择 [J]. 河北师范大学学报（教育科学版），2021，23（5）.

[84] 张宁娟. 论教育评价改革的牵引 [M]. 北京：知识产权出版社，2023.

[85] 中国教育学会教育督导分会，国家教育行政学院教育督导与评价研究中心. 教育督导蓝皮书. 中国教育督导报告（2023）[M]. 北京：社会科学文献出版社，2023.

[86] 中国教育科学研究院比较教育研究所. 全球经验：教育评价改革进行时 [M]. 重庆：西南师范大学出版社，2020.

[87] ALKIN M C，TAUT S M. Unbundling evaluation use [J]. Studies in Educational Evaluation，2002，29（1）.

[88] BROWN M，MCNAMARA G，O'HARA J，et al. Exploring the changing face of School Inspections [J]. Eurasian Journal of Educational Research，2016.

[89] BROWN M. Deconstructing Evaluation in Education：The case of Ireland [D]. PhD Thesis，Dublin City University，Ireland，2013.

[90] CREEMERS B P M，KYRIAKIDES L. Improving quality in education，Dynamic approaches to school improvement [M]. London：Routledge，2012.

[91] De GRAUWE A. Transforming school supervision into a tool for quality improvement [J]. International Review of Education, 2007, 53 (5/6).

[92] DEDERING K, MÜLLER S. School improvement through inspections? First empirical insights from Germany [J]. Journal of Educational Change, 2011, 12.

[93] Department of International Affairs, Dutch Inspectorate of Education. Dutch Inspectorate of Education: Background information and working method of the inspectorate [R]. Utrecht: Dutch Inspectorate of Education, 2015.

[94] Department of Education and Skill. Wellbeing Policy Statement and Framework for Practice 2018—2023 [EB/OL]. (2019-06-01) [2024-04-11]. www. assets.gov.ie.

[95] DONALDSON G. The SICI Bratislava memorandum on inspection and innovation [EB/OL]. (2014-10-20) [2024-09-10]. http://www.sici-inspectorates.eu/.

[96] EHREN M C, HATCH T. Responses of schools to accountability systems using multiple measures: The case of New York City elementary schools [J]. Educational Assessment, Evaluation and Accountability, 2013, 25 (4).

[97] EHREN M C, SWANBORN M S L. Strategic data use of schools in accountability systems [J]. International Journal of Research Policy and Practice, 2012, 23 (2).

[98] EHREN M C, VISSCHER A J. Towards a theory on the impact of school inspections [J]. British Journal of Educational Studies, 2006, 54 (1).

[99] EHREN M C, JANSSENS F J G, BROWN M, et al. Evaluation and decentralised governance: Examples of inspections in polycentric education systems [J]. Journal of Educational Change, 2017, 18 (3).

[100] EHREN M C, HONINGH M E, HOOGE E H, et al. Changing school board governance in primary education through school inspections [J]. Educational Management Administration & Leadership, 2016, 44 (2).

[101] EHREN M C, PERRYMAN J, SHACKLETON N. Setting expectations for good education: How Dutch school inspections drive improvement. An International Journal of

Research [J]. Policy and Practice, 2015, 26（2）.

[102] JANSSENS F J G, EHREN M C M. Toward a model of school inspections in a polycentric system [J]. Evaluation and Program Planning , 2016, 56.

[103] GAERTNER H, WURSTER S, PANT H A. The effect of school inspections on school improvement [J]. School Effectiveness and School Improvement, 2013, 25（4）.

[104] GREK S, LAWN M, OZGA J, et al. Governing by inspection? European inspectorates and the creation of a European education policy space [J]. Comparative Education, 2013, 49（4）.

[105] LINDGREN J. Seeing Like an Inspector: High Modernism and M ē tis in Swedish School Inspection [J]. Sisyphus—Journal of Education, 2014, 2（1）.

[106] JAKOBSEN L. Self-Evaluation in European Schools [M]. Oxford: Taylor, 2017.

[107] MACBEATH J. School Inspection & Self-Evaluation [M]. Oxford: Taylor & Francis Ltd, 2006.

[108] MACBEATH. J. Leading learning in the self-evaluating school [J]. School Leadership & Management, 2008, 28（4）.

[109] NUSCHE D, LAVEAULT D, MACBEATH J, et al. OECD Reviews of Evaluation and Assessment in Education: New Zealand 2011 [R]. Paris: OECD Publishing, 2012.

[110] NELSON R, EHREN M. Review and synthesis of evidence on the（mechanisms of） impact of school inspections [R]. Utrecht, The Netherlands: Dutch Inspectorate of Education, 2014.

[111] OECD. OECD Review on Evaluation and Assessment Frameworks for Improving School Outcomes: country background report for the Netherlands [R]. Paris: OECD, 2012.

[112] OZGA J. Governing knowledge: data, inspection and education policy in Europe [J]. Globalisation, Societies and Education, 2012, 10（4）.

[113] RIJCKE FERRY DE. Inspection and Schools —Developments and Challenges in a European Perspective. In: SICI – Review 2008 [R]. Brussel: SICI, 2008.

[114] ROSENKVIST M A. Using student test results for accountability and improvement [C]. OECD Education Working Papers, 2010, 54.

[115] SANTIAGO P, DONALDSON G, HERMAN J, et al. OECD Reviews of Evaluation and Assessment in Education: Australia [R]. Paris: OECD Publishing, 2011.

[116] SCHILDKAMP K, VISSCHER A. The utilisation of a school self - evaluation instrument [J]. Educational Studies, 2010, 36 (4).

[117] SCHEERENS J, HENDRIKS M. Benchmarking the quality of education [J]. European Educational Research Journal, 2004, 3 (1).

[118] SHEWBRIDGE C, HULSHOF M, NUSCHE D, et al. OECD Reviews of Evaluation and Assessment in Education: Northern Ireland, United Kingdom [J]. Paris: OECD Publishing, 2014.

[119] UNESCO. Accountability in education: meeting our commitments (2017/2018) [R]. Paris: UNESCO, 2017.

[120] VAN GEEL M, VISSCHER A J, TEUNIS B. School characteristics influencing the implementation of a data-based decision making intervention [J]. School Effectiveness and School Improvement, 2017, 28 (3).